# la novena frontera

## Cataluña 2018

# del mismo autor

*la neuvième frontière,*
*Catalogne 2018,*
www.lulu.com/es,
julio de 2017

*la huitième plaie,*
*migrants 2015, l'avant-garde,*
www.lulu.com/es,
enero de 2016

*le septième scénario,*
grave e inminente amenaza contra Francia,
www.lulu.com/es,
agosto de 2015

se puede contactar al autor-editor en
stratediplo@india.com

sus publicaciones se anuncian en el blog
www.stratediplo.blogspot.com
y se venden en www.lulu.com

Stratediplo

# la novena frontera

## *Cataluña 2018*

auto-edición Stratediplo 2017

© Stratediplo 2017 – todos derechos reservados
ISBN : 978-2-9815374-3-0

« *Los sicles ab amor ton nom repetirán.*
*Ta gloria es inmortal, com lo infinit inmensa ;*
*Ta fama cantarán las harpas de Provensa,*
*Coronas per ton front las verges teixirán.* »

Victor Balaguer,
amor a la patria,
septiembre de 1857

---

« *Pèr la glòri dóu terraire*
*Vautre enfin que sias counsènt*
*Catalan, de liuen, o fraire,*
*Coumunien tóutis ensèn !* »

Frédéric Mistral,
la Coupo,
julio de 1867

# Sumario

# Prólogo

Algún día, acaso muy pronto, cuando Cataluña será un país soberano, se terminará la construcción de la famosa basílica de Gaudí (la Santa Familia) en Barcelona. Porque nada simboliza tanto el gran sueño y deseo catalán de felicidad y libertad que esta obra maravillosa de un arquitecto genial, *la Sagrada Família*.

En construcción desde 1882, fue concebida al momento del despierto de la consciencia identitaria de los Catalanes, y de otros pueblos entonces no reconocidos o bajo ocupación.

Este templo expiatorio es la hermosa oración ardiente de un pueblo, evento raro hoy en Europa, que exclama su celebración del hijo crucifijado de Dios, descartado por casi todos los Europeos y burlado en toda Europa. Al mismo tiempo proclama a quién quiere oirlo que Cataluña hizo juramento a la Cruz y al tesoro de la libertad.

Durante siglos nosotros también, los Serbios, hemos combatido los enemigos de nuestra libertad y ofrecido nuestras vidas en el altar de la Patria siguiendo nuestros estandartes llevando la divisa: "*por la Cruz venerable y la libertad de oro*" (за Крст часни и слободу златну). Por eso entendemos y compartimos la aspiración de los Catalanes a su Estado soberano. Tener su propia casa bajo su propio techo.

Y como lo dijo Tocqueville, para ser feliz y libre basta con quererlo.

Hay que dejar de apoyar secesiones sangrientes precedidas de limpieza étnica para la creación de Estados-naciones dentro de fronteras insostenibles, como se hizo de 1991 a 2008. Cabe volver a los principios definidos al final de 1991, pisados por Alemania, y exigir negociaciones entre los pueblos que no quieren más vivir juntos, así como garantías constitucionales para las minorías como condición imperativa para el reconocimiento internacional.

Muchos países regretan hoy haber capitulado frente a los *diktats* alemanes y americanos, que llevaron a los pogromes y a la expulsión de los Serbios de Croacia, a la dominación de Bosnia por la minoría musulmana y al internamiento de los Serbios de Kosovo y Metojia en campos por la mafia albanesa.

Esa barbarie no puede ser comparada con lo que está pasando en Cataluña, afortunadamente.

Ello debería mostrar nuevos caminos para liberar a los últimos pueblos oprimidos de Europa, como los Serbios de Bosnia, los Transnitrianos, y los Rusos de la ex-Ucrania.

Miodrag Janković<br>ex representante<br>de Republika Srpska<br>en Francia

# Introducción

En cuanto al fondo, hacía falta despertar al gobierno francés a la muy alta probabilidad de la inminente aparición de una duodécima frontera terrestre, y novena en la metrópolis, de un nuevo Estado del cual se tendrá que asegurar activamente la permanencia en la Unión Europea y en el Espacio Schengen. Como en cualquier informe de perito o síntesis de inteligencia no se trata aquí de tomar posición, sino de elevar objetivamente al nivel político la información, y acaso las preguntas, que le permitan tomar las decisiones objetivas o subjetivas luego de la toma en consideración de los datos disponibles, y por supuesto de su examinación a la luz de las necesidades y de los diseños políticos de Francia.

En cuanto a la forma, más allá del informe de inteligencia el autor decidió apuntar a un público más general, lo que le permitió introducir, en alternancia y a veces incorporado con el informe circunstancial objetivo, un ensayo más personal a los límites de la sociología y de la ciencia política sobre los distintos resortes que mueven a los pueblos, y una reseña de derecho internacional sobre la jurisprudencia reciente relativa a la accesión a la independencia. Así este trabajo no es una ficha-país como las puramente factuales que se redactan en los organismos de explotación de inteligencia de los ministerios de Asuntos Extranjeros y de Defensa, ni tampoco una tésis universitaria empezando formalmente por la justificación de la metodología elegida y la exposición del estado del arte de la cuestión, y terminado pesadamente con el inventario exhaustivo de las fuentes consultadas.

En cuanto al idioma de la presente edición castellana, no apunta exclusivamente a lectores españoles sino hispano-hablantes en general, por lo que se conservaron (del texto francés) algunas precisiones que le parecerán inútiles, por obvias, a un Español, aunque no lo sean tanto para otros. También se usa muy generalmente la palabra Provincia para nombrar a la Cataluña política actual (corazón ibérico del principado), hoy administrada por una "comunidad autónoma" y subdividida en cuatro circunscripciones administrativas oficialmente dichas "provincias", y que no cubre totalmente el país catalán histórico. En Europa se puede considerar como provincia el territorio de un pueblo determinado, mientras en América (de población más reciente y heterógena) provincia significaría una entidad política autónoma.

En cuanto al momento, fue obviamente determinado por el acercamiento acelerado del vencimiento soberanisto catalán. Considerando que los actores pasaron de los debates a los hechos, ya no es más hora de explorar los argumentos de los unos y de los otros como lo haría una comisión de estudio parlamentaria, sino de establecer un acta de inventario en vísperas de un choque que interrogará unos asuntos mucho más serios y permanentes que la falencia política y la quiebra económica del Estado espagnol. Ésa es la motivación de este estudio, y es pura coincidencia si el 30 de julio de 2017 marcará el centésimo quincuagésimo aniversario de la formalización de la amistad entre Provenza y Cataluña, tan hermosamente ciseladas por el escultor Fulconis y el platero Jarry sobre la famosa copa elegida por tapa.

# UN PAÍS MEDIANO

## Une historia milenaria

Cataluña tiene una historia más de milenaria.

Como el resto del Imperio romano estas tierras, las más rápidamente romanizadas de Iberia luego de la toma de Cártago, perdieron la mitad de su población después de la caída de Roma y de la fundación de un reino visigótico en luchas permanentes con otros pueblos germánicos, y fueron una presa fácil para los ejércitos árabes dos siglos y medio más tarde. Pero mientras el resto de la península ibérica, menos una tribu de Asturias a la cual la geografía cantábrica permitió resistir aún y siempre al invasor, iba a conocer siglo de yugo omeya, Cataluña fue librada por los ejércitos francos menos de un siglo después de su conquista (*gesta Dei per Francos*), e incorporado al mero comienzo del siglo IX al imperio carolingio.

Aquí hay que abrir una paréntesis. La mitología española de la Reconquista, empezada al principio del siglo VIII sobre la costa de Asturias y terminada al final del siglo XV en Granada, a menudo proclama que España fue ocupada por los Árabes durante ocho siglos. Es falso, la península ibérica no fue ocupada sino incorporada. La aculturación obviamente no era tan rápida en la alta Edad Media, por falta de escuela universal obligatoria, que en nuestra época de totalitarismo estatal donde una población puede ser forzada a cambiar de idioma en apenas dos generaciones, como se dieron cuenta los Alsacianos hace un siglo o los Argelianos y Kabilos más recién. Mil años atrás, cuando la educación era estrictamente familial y lo esencial de la vida social era local y privado, seguro hacía falta algo como cuatro o cinco generaciones para cambiar el idioma de una población, y ciertamente aun más para cambiar su religión. En el caso de la península ibérica se trata de varios siglos, y aunque el aporte colonial haya sido menor o negligible, de algunas decenas o centenas de miles de Árabes y Bérberos recién arabizados, la arabización de las poblaciones fue integral y la islamización fue muy avanzada. Ya a mediados del sigl IX el comentador cordobés Alvaro notaba que los Cristianos habían totalmente perdido la maestría del latín[1]. La península había sido "definitivamente" anexada, no temporariamente ocupada. Más tarde fue realmente una reconquista, no una liberación. Por otra parte, igual que la cultura árabe se había anteriormente inyectada sobre una tradición cristiana y latino-hablante, lo que puede explicar la excepción científica y artística andalú en el mundo árabe (la mayoría de los científicos del califado y luego de los emirados eran cristianos), igual más tarde la cultura cristiana se inyectaría sobre una tradición musulmana y árabe, lo que puede explicar la excepción falocrática (machista) ibérica en el mundo román.

Cataluña, por su parte, fue parte de Andalucía por menos de un siglo o sea apenas cuatro generaciones (74 años o tres generaciones en el caso de Girona), en una época en donde, como se acaba de exponer, la aculturación era mucho más lenta que hoy, por una parte porque las administraciones estatales ean mucho más livianas y

---

[1] Lá como en otros lugares, en aquel entonces la como en todo tiempo, la burguesía fue la primera en colaborar con los nuevos dueños y en adoptar sus códigos.

lejanas, y por otra parte porque la educación era esencialmente adquirida en el marco familial. Aunque anexada ante el derecho internacional, su población era todavía cristiana por lo esencial, y percibió efectivamente la victoria del rey franco Carlos 1$^{ero}$ (Carlomagno) como una liberación más que como una alienación.

A la división del Imperio los condados de Cataluña le tocaron a la Francía occidental, pero apenas un año luego de haber restablecido la soberanía de esta Francia primitiva frente al Imperio que había cometido el error de fundar y la falta de no dotar de una continuidad monocefálica, Hugo Capet desconsideró una llamada al socorro del condado de Barcelona asaltado por Andalucía, abandonando así su vasal a la independencia de hecho. Haciéndose principado Cataluña no tardó mucho para anexar otros condados vecinos, y luego a progresar hacia el sur a expensas de los pequeños emirados que habían sucedido entretanto al poderoso califado de Córdoba.

En el siglo XII un conde de Barcelona (y de Provenza) fue rey de Aragón al heredar por su madre de este pequeño reino también en expansión hacia el sur, lo que dió nacimiento a una unión dinástica más que una fusión estatal, ya que sus secesores mantuvieron la distinción territorial e institucional entre ambos países así que la distinción (y jerarquía) entre ambos títulos, Conde de Barcelona y Rey de Aragón, que se acabó designando familiarmente y de modo simplificador, algunos siglos más tarde, como "corona de Aragón" aunque usando desde la unión los colores catalanes. De la misma manera, después de la adquisición o la conquista de otros país del Mediterráneo occidental, como los reinos de Mallorca, de Naples, de Valencia, de Cerdeña, de Sicilia o también el ducado de Milano, la fórmula de unión personal aseguraba constitucionalmente la permanencia de la soberanía de los países adquiridos a la dinastía pero no fusionados con el principado de Cataluña o el reino de Aragón, de la misma manera que hoy los reinos de Canadá, de Australia y de Nueva-Zelanda comparten el mismo soberano que el Reino Unido de Gran Bretaña e Irlanda del Norte, aunque hayan adquirido su indepenencia de hecho y et reconocimiento de su soberanía de derecho.

En la segunda mitad del siglo XV el matrimonio de Fernando II de Aragón (y Cataluña) e Isabel 1ra de Castilla, apodados los Reyes Católicos luego de su conquista del reino de Granada, unió las múltiples coronas sobre la cabeza primero teórica de su hija y luego más seria de su nieto, Carlos Quinto, primer rey de las Españas y luego emperador del Santo Imperio.

Desde el comienzo del siglo XV Cataluña se había rebelada en contra de una anexión política de hecho por Aragón, y al final del siglo por Castilla, y dos siglos más tarde conoció nuevamente algunas aventuras intermedias de corta duración, como una república independiente y una anexión voluntaria a Francia. Finalmente al principio del siglo XVIII el nuevo rey de Castilla, Aragón etc. Felipe V (de Borbón) decidió fundar un Estado español unitario uniformando las instituciones de las entidades políticas anteriores y formando un parlamento central único, e incorporó Cataluña por fuerza en 1714 (toma de Barcelona el 11 de septiembre, fecha que conmemora la *Diada* ou fiesta nacional catalana[2]) y luego por decreto en 1716,

---

[2] Las fiestas comunitarias no siempre celebran victorias sino a veces sacrificios heróicos, como los de Sidi-Brahim, Camerone y Bazeilles por ejemplo.

dejándole no obstante su código civil y algunas instituciones. Un siglo más tarde los viejos países fueron partidos en provincias administrativas a veces arbitrarias. En el siglo XX los graves disturbios de los años veinte motivaron la proclamación de la repúblicana catalana en 1931, seguida el mismo día por la proclamación de la república española a la cual Cataluña propuso confederarse, lo que hizo por un estatuto (una constitución) ampliamente autónoma, que duró hasta la conquista militar de Cataluña y luego de España por las fuerzas nacionalistas del general Francisco Franco en 1939 (fin de la guerra civil), el cual restableció un Estado unitario que prohibió el idioma catalán.

Por fin la restauración del reino en España, bajo una constitución nueva, fue la oportunidad de relevar o establecer (según los casos) regiones autónomas correspondiendo por lo esencial a los antiguos reinos y condados. En verdad basta recordar las difíciles discusiones del momento, habiendo los años setenta sido marcados por el terrorismo separatista (vasco notablemente) y la cuestión de la partición de Bélgica volviendo regularmente en primera página de los diarios, para entender que un Estado jacobino era fuera de cuestión en España aunque los partidos de izquierdan prefirieren una república constitucional al reino. A la austeridad impuesta a todos niveles había sucedido la explosión desfrenada en todos rubros, el irrespeto de todo, una gran ola de revolución de las mores, lo que pudo impresionar al Estado central y animarlo a implicar unos poderes subsidiarios a lo más cerca de las poblaciones.

Así el 29 de septiembre de 1977 el rey Juan Carlos tomó el decreto-ley 41/1977 restableciendo a título provisorio, a esperas de la redacción de una nueva constitución española, un gobierno catalán (la Generalidad o en catalán *Generalitat*) llamado en preámbulo de dicho decreto-ley *"una institución secular, en la que el pueblo catalán ha visto el símbolo y el reconocimiento de su personalidad histórica, dentro de la unidad de España"*.

Luego, en el marco de la constitución española de 1978, Cataluña adoptó su nuevo estatuto en 1979, imitada a los años siguintes por las otras "comunidades autónomas" en un espíritu de decentralización, fundamentalmente diferente de una federación. Más tarde un estatuto un poco más autónoma en los rubros judicial y fiscal, y hasta nacionalista en los rubros linguístico e identitario (estableciendo la supremacia del catalán y reivindicando el término de "nación") fue adoptado en 2006 por el parlamento catalán y aprobado por el parlamento español, pero anulado por el Tribunal Constitucional el 28 de junio de 2010 (los detalles fueron conocidos el 10 de julio), lo que hechó un millón a un millón y medio de protestatarios (un elector de cada tres o cuatro) en las calles de Barcelona el 11 de julio, y sobre todo empujó a una buena parte de la opinión autonomista mayoritaria hacia la movida independentista hasta entonces muy minoritaria.

# Una población apreciable

Cataluña es un pequeño país, pero es lejos de ser un país menor.

Es el vigésimo país de Europa por la población, dejando atrás algo como treinta países, como Bulgaria, los seis países sucesores de Yugoslavia, los seis países scandinavos y baltos menos Suecia, y también Eslovaquia, Irlanda... y otros tantos a una escala inferior. Siete millones y medio de habitantes, eso sitúa la Cataluña política actual, por su población, entre Suiza y Bulgaria, para quedar en Europa. Respecto al resto del mundo ocupa la posición mediana, ya que de dos centenas de Estados soberanos la mitad son más poblados que Cataluña y la otra mitad son menos poblados. Mientras algunas regiones del mundo conocen un fuerte crecimiento demográfico y otras un descrecimiento moderado, la posición mediana de Cataluña es duradera ya que los dos países un poco más poblados que ella, Israel y Suiza, todavía están en crecimiento demográfico aunque su explosión demográfica reciente (debida a las inmigraciones rusa y albanesa respectivamente) ya se haya moderado, mientras los dos países un poco menos poblados que ella, Bulgaria y Serbia, quedan en descrecimiento demográfico aunque se pueda esperar en algún momento una estabilización de su despoblamiento, probablemente por medidas opuestas, en el caso la entrada en la Unión Europea en el caso de Serbia y la salida de la Unión en el caso de Bulgaria.

Al hablar de la Cataluña política, así se apunta al actual Estado de Cataluña, o Comunidad Autónoma según la organización territorial española, que corresponde más o menos al corazón histórico del país. Es difícil definir una escala de comparación francesa, ni siquiera española o ibérica.

Uno se acuerda que una de las prioridades de la revolución jacobina en Francia fue la disolución de las provincias, no sólo en términos políticos por la abolición de los parlamentos pero también en términos geográficos por el remodelage de las fronteras, convertidas por otra parte en sencillas delimitaciones administrativas dentro de un Estado en adelante unitario y proclamado indivisible, siendo esas divisiones administrativas, dos siglos más tarde, el objeto de rediseño y recorte permanente bajo alibis electoralistas cuya única constancia es la preocupación de evitar la reconstitución duradera de territorios sub-etáticos. En términos cuantitativos y ponderales se puede no obstante defender que Cataluña corresponde al volúmen de una nueva gran región francesa, de una antigua región militar o de dos a tres antiguas regiones administrativas, o sea una docena de departamentos. En términos históricos habría que comparar este país no a una de las doce antiguas provincias o "pairies" electoras del reino de Francia, sino más bien a uno de los antiguos vecinos y rivales del mismo, más o menos teóricamente miembros del Imperio pero verdaderas potencias europeas durante varios siglos, como por ejemplo Borgoña, en el sentido del reino de Arles y más tarde (como ducado de Borgoña) del principal aliado de Inglaterra en el continente.

El título de conde de Barcelona no debe inducir a la sub-estimación histórica, las armas de este condado volaron al Mistral de Arles y Marsella (y hacia Niza), como volarían más tarde las banderas del reino de Aragón al Maestrale de Alghero (Cerdeña) y a los vientos de Ajaccio à

Atenas pasando por Palermo y Naples. Porque sin su unión a Cataluña, Aragón nunca hubiera sido lo que fue y Castilla sola acaso nunca hubiera vencido la Andalucía omeya.

En la península ibérica, la homogeneidad de Cataluña no tiene otro equivalente que la, más jóven, de Portugal, y dentro del reino español Cataluña tiene un estatuto sin equivalente, aunque algunas de sus prerogativas hayan sido, desde el fin de la república en 1978, acordadas a otras provincias.

La Cataluña política misma queda dividida en cuatro provincias, que no son simples particiones administrativas arbitrarias como los departamentos franceses ya que tienen cada una su identidad geográfica, su centro económico y su particularidad cultural, posiblemente comparable a las dos Lorenas rivales francesas o a los territorios provenzales griegos (marítimos y rodanianos) y ligurios (alpinos). Estas cuatro provincias administrativas de la Cataluña política actual pertenecen totalemnte al espacio cultural catalán, se le conocen los mismos poetas y se le comparte el mismo sentimiento de pertenencia... nacional, ya que el término de nacionalidad es dado a Cataluña (y a ninguna otra comunidad) por su estatuto y reconocido por la constitución española vigente.

Mas allá de esta Cataluña política actual, los Baleares están también totalmente incluídos en el espacio cultural e histórico catalán, así que el país valenciano, liberado de la Andalucía árabe por Cataluña. Más al sur en la costa mediterránea, más al norte en el Rosellón, más al oeste en los Pirineos (Andorra) y hacia el altiplano continental (Aragón), más al este en la región de Sassari

(Cerdeña), las culturas son mezcladas, lo que explica que el número de catalanófonas parciales o potenciales (personas viviendo en el área cultural catalána) alcance casi el doble de la población de la Cataluña política.

Cómo entonces llamar en este estudio la entidad política reducida y precisamente delimitada administrada por el gobierno catalán (la Generalitat), la cuestión está puesta y no podrá ser resuelta según las categorias francesas actuales de región y departamento, ni tampoco según el vocabulario pre-revolucionario de provincia en el sentido de entidad política y de país en el sentido de conjunto geográfico.

Para concentrarse en la cuestión demográfica, al contrario de los Baleares cuya población es homogénea ya que esencialmente indígena, la población de la Cataluña política es heterógena. Seguro quedan pueblos homógenos en el interior del país, y en particular en los Pirineos, pero la población de la costa, y aun más de la metrópolis económica Barcelona, es muy mezclada. En la ausencia o la discreción de estadísticas oficiales sobre el origen y la identidad de la población, no se puede hacer más que intentar de adivinar su composición, por analogía. En Provenza el desbalance demográfico ocurrió hacen cuarenta años, considerando que ya en 1980 los Provenzales habían pasado en situación de minoría en Provenza. Pero Provenza no era en aquel tiempo para Francia el polo de atracción que es Cataluña para España, el cual sería mejor comparar con el équis económico e industrial rodaniano, que por su parte nunca robó la primera posición a la región parisina, al contrario de Cataluña desde mucho tiempo región la más desarrollada de España. Así por analogía se sodría suputar que los

Catalanes de origen igual son minoritarios en Cataluña, en todo caso en 1991 (hace ya una generación) se estimaba que el 41 % de los habitantes de Cataluña no habían nacido lá, y además hoy se cuentan cerca del 15 % de inmigrantes (no españoles).

No obstante Cataluña tiene una capacidad de asimilación individual y familial que no tiene Provenza (que no tiene en realidad ninguna provincia metropolitana francesa desde la prohibición de los idiomas y dialectos por los maestros de escuela apodados "húsares de la república"[3]), por la presencia de la cultura catalana a todos niveles y en todas actividades, manifestada y mantenida por la educación escolar del idioma a todos, incluso a los niños de Madrileños. Así en 1991, menos de quince años luego de la rehabilitación del idioma catalán, se estimaba que el 94 % de la población de Cataluña entendía el catalán... mientras que menos del 60 % de esta misma población había nacido en Cataluña, lo que significa que alógenas habían aprendido el idioma, fuera del marco familial. Asimismo, siendo el criterio principal de la catalanidad el idioma (un Catalán no se distingue de un Castellano por la religión, la raza, la casta u otro criterio), queda evidente que los extranjeros residiendo en Cataluña se asimilan en materia lingüística y por tanto cultural, y es muy probable que sea difícil distinguir, después de la escolarización, un niño de alógena de un niño de indígena. Así se puede considerar que la población de Cataluña hoy es esencialmente catalana o asimilada, lo que por cierto no es una categorización política pero seguramente es una categorización identitaria.

---

[3] Acaso fue diferente en el caso de Kabilia o Argelia donde los colones europeos tenían que hacer un esfuerzo de aculturación.

# Un idioma venerable

El primer patrimonio cultural al cual uno asocia Cataluña es el idioma catalán, antes aún de los *troubadours*.

La lingüística llama generamente idioma (o lengua) un grupo de hablares espontáneamente intercomprensibles, los dialectos, mientras entre idiomas distintos la comprensión no es espontánea ni tampoco fácil. En realidad en el terreno lingüístico como geográfico los límites no son netos, y el gran lingüista Ferdinand de Saussure corregía el término simplista de isoglosas en "líneas isoglosemáticas", al cual asimismo prefería la imagen de ondas intercruzadas.

Con la excepción notable del portugués que se fijó en el siglo XIII (a partir de un dialecto castillo-catalán), los idiomas de origen latina se fijaron todos en el siglo XI, explicando esta antigüedad que sean más diferenciadas que los hablares actuales nacidos del árabe literal, calificados por esta razón de árabes dialectales... la comprensión oral elementaria entre un Mauritanio, un Iraquí y un Yemenita siendo difícil y muy parcial aunque la reciente generalización de la escritura (árabe literal) en el mulndo arabófono haya facilitado la comunicación, como en los tiempos no tan remotos en cuando todos los locutores de lenguas románicas habían estudiado el latín. En su curso de lingüística general Ferdinand de Saussure reconocía que es difícil decir en qué yace la diferencia entre una lengua y un dialecto, mencionando no obstante la cuestión de inteligibilidad, o sea que personas que no se pueden entender hablan lenguas distintas. Pero mencionaba que a menudo se llama lengua un dialecto que produjo una literatura.

Por lo general los lingüistas reconocen ocho o nueve lenguas románicas actuales, a saber el rumano, el toscano florentino comunmente llamado italiano, el provenzal, el retorromano o romanche, el sardo, el francés, el catalán, el castillano comunmente llamado español, y el portugués. La disputa en cuanto a esta lista porta esencialmente sobre el retorromano o romanche, que algunos lingüistas consideran como un dialecto provenzal, pero a veces también sobre el sardo, único idioma de esta lista que no produjo una literatura escrita (y posiblemente no tan ininteligible para un locutor de latín).

Dentro de estos idiomas románicos el catalán ocupa un lugar intermedio en términos de locutores, no formando parte de los idiomas mundiales como el español, el francés y el portugués (idiomas de colonización) pero tampoco de los idiomas cuya sobrevivencia es numericamente amenazada como el provenzal, el sardo y el retorromano; en este sentido el catalán pertenece a la misma categoría volumétrica que el rumano, lengua nacional no amenazada pero que no conoció la difusión internacional dada al florentino por la música (mucho más que por la colonización en América y en África del Norte). Abarca no obstante más dialectos, así el catalán lengua oficial de Andorra no es exactamente el mismo que él de las islas Baleares o de Alghero en Cerdeña.

El libreto "*80 pistes – guia de butxaca per a una bona estada a Catalunya*", difundido por la Universidad Autónoma de Barcelona para los estudiantes extranjeros, explica que el lugar central ocupado por el catalán dentro de las lenguas románicas permite que cualquier locutor de una de ellas sea capaz de seguir en poco tiempo cursos dictados en catalán. Hay que notar por otra parte que, aunque un 60 % de los cursos lá sean dispensados en catalán, los estudiantes pueden a su elección presentar sus trabajos en español, independientemente del idioma en el cual hayan seguido el curso correspondiente. Esta política integradora y abierta es fundamentalmente opuesta por ejemplo a la de arabización forzada de Argelia, conducida de un modo autoritario, exclusivo e incoherente en la educación primaria y secundaria... mientras que todas las universidades quedaran exclusiva y oficialmente francófonas, lo que, independientemente de la fractura entre generaciones (causa de la guerra civil de los años noventa), introdujo una segregación entre los estudiantes criados en familias que conservaron el uso del francés en casa y los criados en familias totalmente arabizadas, de los cuales el acceso a la universidad requiere más esfuerzo personal. Eso también explica la pobre forma escrita de los trabajos universitarios argelianos aun cuando su fondo es sólido, ya que producidos en francés por estudiantes que siguieron toda su escolaridad, del jardín de infantes hasta el bachillerato, en árabe.

Lejos de este dogmatismo ideológico aplicado por un régimen totalitario, el gobierno y la sociedad civil de Cataluña, mientras fomentando desde los años ochenta la generalización de un idioma que había sido marginalizado por dos siglos de hegemonía lingüística castellana, eligieron un modelo "integrador" pragmáticamente bilingüe. Más allá de las obligaciones constitucionales de un país todavía políticamente dependiente, existe una voluntad de no despojar a la población catalana de la ventaja que proporciona la maestría de un idioma internacional como el español. En otros lugares de Europa se ven las poblaciones de países de idioma nacional menor aprendiendo masivamente (espontáneamente o por órden educativa gobernamental) idiomas totalmente extranjeros de estatura europea o mundial, como otrora el francés y el alemán y ahora el inglés. Pero también hay una voluntad política, mucho tiempo ocultada por la intransigencia sobre la oficialización del catalán pero que fue recién revelada por la ley de transición, de integrar toda la población actual a Cataluña, sin exclusión de los hispano-hablantes.

Del punto de vista lingüístico el catalán pertenece a la familia galo-romance, que una corriente ideológica muy de moda en el sistema educativo francés de orientación *soixante-huitard* (permanentemente revolucionario) ha llamado "occitán" luego de haber dividido los idiomas de la Galla medieval en idiomas de *Oc* e idiomas de *Oïl* (haciendo sonreir a los Provenzales que siguen diciendo *Vo*), según la grosera distinción usada por Dante Alighieri hacen siete siglos para relativizar el "precioso" provenzal preferido por sus compatriotas toscanos (y todos los poetas de Europa) despreciando su propio idioma. Pero es probable que todavía en su época, como atestado un siglo y medio más temprano, los Toscanos llamaban Provenza toda la antigua *Provincia Romana* narbonesa, *a Massilia usque ad Barchinonam* o sea de Marsella a Barcelona.

En cuanto a los idiomas no todo es tan netamente definido, como justamente lo mostró Saussure ya citado, pero un grupo de hablares que los lingüistas más antiguos llamaban román o viejo provenzal corresponde aproximadamente a este área geográfica menos influenciada por los aportes germánicos (y célticos) de los francos y pueblos aparentados. Frédéric Mistral designaba generalmente por provenzal el idioma al este del Ródano, pero usaba a veces esta palabra (por ejemplo en el Trésor) un sinónimo de familia romance que describía entonces como *"idioma del sur de Francia y de Cataluña"*. Por su parte, los poetas catalanes de la Renaixença literaria del siglo XIX se reconocieron y suscribieron sin reserva en el Felibrige provenzal. El catalán no cambió de familia de origen por el simple hecho de que en el siglo XVI el *Sí* castillano desplazó el *Hoc* román todavía usado en Cataluña hasta el siglo XV inclusive.

La relación de los idiomas de la familia galo-romance con el latín y sus evoluciones en otras áreas (hacia el norte y el este) duró más y nunca fue interrumpida hasta la fijación de los idiomas románicos por la escritura, cuando ésta no fue más reservada al latín y admitió las lenguas vernaculares hasta entonces unicamente habladas. Aquí cabe recordar que el latín seguía siendo un idioma bien vivo en el Renacimiento[4], luego de haber evolucionado durante toda la Edad Media. Pero los idiomas de la familia íbero-romance fueron separados del mundo latino por la conquista árabe, razón por la cual buena parte de su léxico procede de un latín antiguo mientras términos equivalentes procedientes del latín moderno existen en los idiomas galo-romances. El catalán incorporó algo de vocabulario árabe tarde y por intermediario del castellano, luego de la unión de Castilla y Aragón catalanófono que permitiría la reconquista de toda la península y la implatación de funcionario y de colones castellanos y aragoneses en los territorios arabófonos. El

---

[4] No se debe confundir el Renacimiento en el sentido histórico, salido de Toscana en el siglo XV, con el renacimiento literario provenzal y catalán del siglo XIX.

único aporte notable de vocabulario árabe directamente al catalán, sin intermediario del castellano, corresponde (mucho más temprano) a la reconquista de Valencia sobre Andalucía por Cataluña.

Para un hispano-hablante, por escrito inmediatamente pero también por oral una vez superadas la dificultades de la pronciación nasalizada y de los tiempos originales como el infinitivo conjugado, el portugués, que pertenece a la misma familia íbero-romance que el castellano, es obviamente más fácil que el catalán. Puesto que la represión lingüística tuvo como resultado que hoy la mayoría de los catalanófonos sean primero hispano-hablantes o hijos de hispano-hablantes, la pronunciación del catalán fue influenciada en el siglo XX por la del castellano, a tal punto que podría sorprender a un Provenzal, o a un Catalán del siglo XIX. Por escrito no obstante, y del punto de vista lexicológico, el catalán queda más cercano al provenzal y los hablares del Languedoc, que pertenecen a la misma familia galo-romance, que al castellano.

Producto de la historia, la lengua catalana es a la vez la expresión y uno de los ingredientes de la cultura catalana.

# Un pueblo latino

Cataluña posee sin ninguna duda una cultura propia fundamentalmente distinta de las culturas ibéricas.

El idioma es el cemento, la expresión y el vector de la identidad, por lo que de la lingüística a la sociología no falta más de un paso. La cultura catalana no es ibérica, es latina. Al final del imperio romano la península ibérica fue conquistada por los Vándalos, un pueblo de cuyo nombre se hizo un verbo sinónimo de saquear, de la misma manera que el nombre de Bérberos designaba primero un pueblo específico antes de convertirse en una palabra genérica para todos los pueblos no romanizados, y luego un término de conotación negativa sinónimo de bruto. En nombre de Al Andalús dado por los Árabo-Bérberos, en árabe de trece siglos atrás, significaba precisamente el país de los Vándalos. Por analogía con otro territorio pasado directamente de la barbarie a la decadencia sin haber conocido la civilización, según el famoso resúmen de Alexis de Tocqueville, se podría decir, en el sentido proprio como figurado, que Iberia pasó directamente de la civilización al vandalismo y luego a la barbarie.

Una ilustración contemporánea lo es la tauromaquia, que Cataluña prohibió en tanto pudo por la ley 28/2010 publicada el 3 de agosto de 2010, algunas semanas luego de la publicación de su nueva constitución amendada, el 9 de julio. El Tribunal Constitucional español anuló esta prohibición por su sentencia 7722/2010 del 20 de octubre de 2016, mediante un motivo de inconstitucionalidad por lo menos especioso: el gobierno catalán sería juridicamente competente para regular las fiestas taurinas, pero no para prohibir la corrida porque ha sido (iba a ser sería más exacto) proclamada patrimonio histórico cultural por unas leyes españolas posteriores, en el caso la ley 18/2013 (del 12 de noviembre de 2013) para la regulación de la Tauromaquia (con mayúscula) como patrimonio cultural et la ley 10/2015 (del 26 de mayo de 2015) para la salvaguardia del patrimonio cultural inmaterial. El gobierno español que, intentando desde varios años suprimir del derecho laboral la siesta que ritmó por generaciones la jornada de los trabajadores de este país caluroso, sintió la urgencia nacional de reivindicar en el siglo XXI la hispanidad de la tauromaquia, intentó pesadamente luego, con la ayuda de otros países de misma cultura, hacer inscribir la tauromaquia por la UNESCO en el patrimonio cultural inmaterial mundial de la humanidad, y lo logró parcialmente el 1er de diciembre de 2016. Lo cierto es que, aunque en 1987 el día de la "raza" o de la hispanidad haya sido proclamado fiesta nacional, para la gran mayoría de los Españoles la expresión "Fiesta Nacional" todavía designa la corrida.

Anecdóticamente, y sabiendo que los demandantes no tenían ninguna ilusión de imponer en los hechos en Cataluña el sacrificio ritual bovino, uno se puede preguntar sobre los motivos reales del Tribunal Constitucional por haber hecho el acta de autoridad de atacar la competencia constitucionalmente garantía de Cataluña en materia cultural (y de protección de los animales) mediante una sentencia jurídicamente mal fundada ya que pretendiendo la retroactividad de las leyes. En cualquier caso en España, aunque las jóvenes generaciones se aparten de la corrida y que un debate público exista, la desaparición de ese símbolo dominante y universalmente conocido de la cultura española parece inconcebible en un futuro cercano. Si los Parisinos ven en la forma de Francia un hexágono et los Romanos ven en Italia una bota, los Madrileños ven en España una piel de toro.

La cultura ibérica es la del macho y de la fuerza. En el mundo entero la falocracia se conoce como *machismo*, del español macho. Cuando nace un chico, si es de sexo femenino se le dice mujer, pero si es de sexo masculino no se diche hombre sino macho, o incluso varón que tiene un significa dotado de vara. En los países latinos se dice hijo e hija, más significativos del vínculo familial, en el caso filial, que de la futura vida sexuada del recién nacido. En España el ideal del jóven muchacho, tanto en sus ojos propios que en los de la mujer, es el matador de toros, que se lo llame toreador, torero, picador, matador u otra de esas sútiles distinciones. Los chicos se entrenan en la calle, en la plaza de recreo o en el patio interior, preferiblement de a dos para que el mal designado por la suerte pueda maniobrar la bicicleta o la carretilla equipada de cuernas, y ni siquiera Luís Mariano pudo resistir al llamado de traje de luz, que juega ante las mujeres el papel del uniforme militar en otros países. El jóven que quiere demostrar su amor tiene que cumplir con un acta de fuerza mejor que de ánimo, y preferiblemente en la plaza de toros. La figura dominante de esta cultura patriarcal es el padre de familia, no un patrarca bíblico sino él del cual la madre amenaza a los chicos desobedientes como si todavía tenía el derecho de vida y muerte sobre toda la familia, esclavos incluídos, como cuando Iberia era árabe. En algunos países hispánicos hoy la violencia familiar, ejercida por el sexo fuerte, no ha desaparecido.

Es todo lo contrario de la cultura latina. En los países latinos los hombres son galantes y las mujeres esperan que les ceden el paso. El ideal del hombre es el cantante, mil años atrás el *trouvère* que daba la gira a Europa para enseñar a los señores como cortear a las damas, y hoy la celebridad de variedades que pone el amor en versos y en música para hacer soñar de pasión eterna. El saber es más preciado que la fuerza, y aún en el ejercicio de ésta la retenida y la magnanimidad son consideradas como virtud más que como debilidad. El arte está dedicado al culto de la belleza que se encuentra en cada casa. La figura dominante es la Virgen, hermosa, amante y materna. El respeto es una cuestión de honor pero uno presenta primero sus homenajes a la mujer del jefe, por su femenidad, antes de presentarse al jefe, por su autoridad. En la familia la madre, *mama* más que matrona, juega el papel principal, y al visitante o al invitado se lo perdonará más si se olvide la botella para el dueño de casa que si se olvide el ramo de flores para el ama de casa. En la calle, en la plaza de recreo o por debajo del balcón de la casa vecina, los chicos ofrecen a la elegida de su corazón las flores que recogieron sí mismos, con pudor pero sin temor a ser insultados de chicas. La sociedad latina es más matriarcal o en todo caso más igualitaria, y si una marca de respeto existe aun en la intimidad sin testigos es más seguramente el respeto del hombre hacia la mujer que al revés. La cultura latina, por su necesidad de seducir más que de tomar, generó las baladas y las serenadas y exceló en la música, la poesia y otras artes de expresión.

La cosmogonía estadounidense, marcada por Méjico que sintetizó las mores españoles y las mores aztecas (menos el sacrificio humano), asimila abusivamente los términos de culturas latina e hispánica, o "latino" e "hispano", y difundió por la televión este error mayor a todo el resto de América. Pero una observación atenta de las mores y de las culturas muestra que, aun donde adoptaron los idiomas ibéricos (español y portugués), las poblaciones latinas quedaron muy distintas en términos de cultura. En realidad hay pocos países latinos en América, o sea Argentina cuya mitad de los habitantes tiene al menos un abuelo o bisabuelo italiano y cerca de la tercera parte un abuelo o bisabuelo francés, Uruguay muy similar, Rio Grande do Sul en donde millones de personas hablan el talian (veneciano) recién promovido a un rango oficial, y Québec por su parte en vía de árabo-berberización rápida. Pero no hace falta pasar mucho tiempo en estos países para entender que su cultura es, independientemente del idioma, totalmente diferente y a menudo opuesta a la de los países países vecinos de poblamiento ibérico o sajón determinante. Asimismo y de manera confusa, los viajeros o inmigrantes suramericanos en Argentina notan bastante rápidamente que se trata de otra cultura, que creen simplemente europea (por la arquitectura) porque ignoran que las culturas ibérica y germánica, por ejemplo, son fundamentalmente diferentes de la cultura latina aun cuando la religión parece la misma. Los Europeos padecen el mismo choque cultural cuando pasan de Chile a Argentina o al revés.

Otra facie de esta diferencia de cultura es la filosofía del derecho. El mundo germánico conoció una larga desaparición del derecho escrito, durante varios siglos después del colapso del imperio romano. Estos pueblos praticaban el derecho positivo consuetudinario en oposición al derecho escrito latín. Hoy representado por la *common law* que es esencialmente un *compendium* de jurisprudencia, este derecho se caracteriza por la historia de los juicios pasados más que la filosofía del derecho natural, el juicio particular más que la ley general, el juez (influenciado por el abogado pagado) más que el ligislador (mandatado por el ciudadano elector), el poder judicial más que el poder legislativo, el aplicativo más que el normativo. Los partidarios del derecho consuetudinario aseguran que es más justo por tomar mejor en cuenta lo específico del caso por caso según las circunstancias, los defensores del derecho codificado aseguran que éste es más justo por ser el mismo para todos y por no depender del arbitrario de un juez. El derecho positivo fundamentalmente contractual busca privilegiar el acuerdo entre las partes, mientras el derecho escrito recorre a una norma indiscutible, a pedido del lesionado, porque la negociación paritaria entre el débil y el fuerte termina siempre a ventajas del segundo. El derecho consuetudinario instila en los espíritus la relatividad universal, no pudiendo nada ser juzgado en absoluto sino únicamente por comparación, al contrario del derecho normativo que distingue lo permitido y lo prohibido, la ley claramente escrita y la infracción caracterizada de la ley. El derecho positivo o consuetudinario supone que nada es malo *per se* y que sólo se puede juzgar el acta en su contexto circunstancial, mientras el derecho normativo escrito prohibe algunos actas y algunos medios (y asegura la inviolabilidad de algunos derechos) cuales que sean las circunstancias.

En Iberia, los Vándalos y luego los Visigodos tenían esencialmente un derecho consuetudinario positivo. Después vino el derecho islámico vigente en España árabe (califado y luego emirados) desde comienzos del siglo VIII hasta finales del siglo XV, que merecería una investigación más profundizada pero tenía muy poco texto normativo y mucha transmisión de la práctica (jurisprudencia), y donde la mutilación corporal ocupaba un gran lugar en el arsenal penal. La reconquista del resto de la península luego de la afirmación del centro de gravedad castellano, heredero de la guerra multisecular desde Asturias, sobre la antigua metrópolis aragonesa de idioma catalán y de cultura latina (derecho codificado notablemente), fue acompañada por el establecimiento y la expansión de la Inquisición (fin del siglo XV). Este sistema jurídico de excepción, instituído y maniobrado por los reyes dichos católicos, había sido autorizado por el papado que entendió algunos decenios más tarde que se trataba de un sistema represivo y expeditivo, aun si los sucesores de Fernando e Isabel lograron diferir su abolición durante tres siglos, coïncidentemente hasta la imposición del dicho "código Napoleón", base del código civil actual de los países civilizados y que no es nada más que el derecho escrito romano (amendado), que lo esencial de la península ibérica había olvidado durante catorce siglos. En este rubro el mundo romance tiene una herencia histórica muy distinta de la del mundo ibérico gótico y luego árabe. La cultura latina es la del Estado de derecho, y de derecho escrito, y es a esta cultura que pertenece Cataluña.

Cataluña es indudablemente un país latino, cuya idiosincrasia es mucho más cercana a la del Languedoc que a la del resto de la península ibérica.

# Una potencia económica

En 2016, el producto interior bruto (PIB) de Cataluña alcanzó 223,6 mil millones de euros, o 240 mil millones de dólares según la tasa de cambio media del año. Para 2017 se espera un PIB de 232 mil millones de euros.

Por falta de conocer ya los datos de otros países, hay que tomar los números de 2015 para poder efectuar una comparación internacional, en el caso para Cataluña 204,7 mil millones de euros, o 235 mil millones de dólares al cambio medio del año. Según estas cifras (porque otras fuentes reivindican 215 mil millones de PIB ya en 2015) es en 2016 que la economía catalana sobrepasó la economía irlandesa de volúmen comparable, distanciando cada vez más las de Portugal, de Grecia y por supuesto de Rumania, por no hablar de países menos poblados que Cataluña. Al adelantarse a Irlanda, Cataluña se convirtió en 2016, virtualmente, en la duodécima potencia económica en la Unión Europea (sbre veintiocho o mejor dicho veintinueve al separar Cataluña de España) y la octava dentro de la eurozona (sobre diecinueve o mejor dicho veinte).

En términos de dinamismo este PIB muestra, como de costumbre, una expansión económica fuerte en ocnsideración del contexto europeo, a saber un crecimiento del 3,5 % para la economía catalana en 2016 o sea más del doble del crecimiento medio del 1,5 % en la zona euro, sin cambio mayor respecto a 2015 cuando el crecimiento catalán había sido del 3,4 % y el crecimiento medio del 1,7 % en la zona euro. La expansión de la economía catalana es esencialmente alimentada por la demande interior, que creció del 3,2 % sobre el año 2016, mientras el saldo exterior, es decir el excedente de las exportaciones sobre las importaciones, sólo pregresó de un 0,6 %. La agricultura por su parte saltó de un 10 % mientras que la actividad industrial progresó de un 4 %. Las inversiones extranjeras (no españolas), luego de un pico a cinco mil millones de euros en 2010, se habían movido desde entonces en los alrededores de tres mil millones por año, o sea de toda manera un 50 % más que la quincena de años anterior a la crisis financial de 2008. Pero no es poco anotar que en 2015 estas inversiones extranjeras en Cataluña saltaron por un 60 % (alcanzando el récord de 2010) respecto al año anterior, lo que significa que el endurecimiento de las posiciones respectivas en oportunidades de la consulta popular del 9 de noviembre de 2014 no desanimó a los inversores extranjeros... o les alentó. Asimismo el 5 de julio de 2017, el presidente de la cámara de comercio estadounidense en España, Jaime Malet, notoriamente anti-independentista, reconoció que las empresas estadounidenses implantadas en Cataluña no prepararon nada de "planos de contingencia" como las implantadas en Gran-Bretaña lo hicieron en el caso del *Brexit*. Y las inversiones estadounidenses son las mayores inversiones extranjeras en España.

No obstante, aunque Cataluña contribuya, año más año menos, por una quinta parte al producto interior bruto de España (y por tanto a los impuestos nacionales), recibe solamente una décima parte de las inversiones efectuadas por el gobierno nacional en las regiones. Más precisamente, en 2015 Cataluña recibió mil millones de euros o sea un 9,5 % de estas inversiones públicas dichas "regionalizables" aunque había proveído un 18 % del PIB nacional, y en 2016 recibió 1,18 mil millones o sea un 10,7 % de las inversiones dichas regionalizables aunque había proveído un 19 % del PIB nacional como en 2014.

Cataluña contribuye también por un cuarto a las exportaciones de España. Por su parte, su propio saldo comercial de un 11,5 % del PIB en 2015 (del cual un 6 % con España) pone virtualmente Cataluña en tercera posición en la Unión Europea sobre este indicador, cuya media uniopea[5] se establece en 3,3 % o sea tres veces y medio menos.

Un indicador económico más importante para la población que para las organizaciones económicas internacionales es la situación del mercado de empleo. En la materia cada observador tiene su propio método de cálculo y es posible que ninguno corresponda realmente a las definiciones de la Organización internacional del trabajo. En este asunto muy sensitivo se puede adivinar que todos los gobiernos majoran la realidad, él de Cataluña como (o de otro modo que) los de España, de Francia y de la Unión Europea, y aun dentro de ésta las estadísticas establecidas teóricamente según los mismos métodos no son comparables ya que los dispositivos de "tratamiento social del desempleo" (redefinición de los términos por arriba de las estadísticas) son diferentes de un país a otro. Las definiciones y los métodos de cálculo son no obstante idénticos para Cataluña y el resto de España, y como el panorama económico general lo sugiere, a pesar de un porcentaje de inmigrantes muy superior en la población de Cataluña (cerca del 15 %) que al nivel español, cada año la tasa de desempleo catalana es más o menos inferior de tres

---

[5] Aunque el Consejo de la lengua francesa y de la política lingüística haya, el 8 de junio de 2011, recomendado el uso y la promoción del término *europunien*, luego de haber también examinado las hipótesis *unional, unieuropéen* y *uniopéen*, se conservará el vocable *uniopéen* (*uniopeo* en español) inventado por Stratediplo, cuyo uso ya había estadísticamente ganado al momento de esta decisión tardía.

puntos de porcentaje a la tasa de desempleo española. No obstante, por prudencia y por pudor, y teniendo cuenta de las reservas aquí exprimidas, no se producirán aquí los números españoles que generarían la tentación de comparar con los, elaborados según definiciones distintas, de Francia y Portugal vecinos, y bastará con confirmar que hay menos desempleo en Cataluña que en el resto de España. Se puede añadir que el desemplero, cualquiera definición estadística que se tome, disminuye *grosso modo* de dos puntos de porcentaje por año[6].

El número de empleos de tiempo completo crece cada año más rápidamente que la población activa, aunque a un ritmo inferior al ritmo de crecimiento de la economía en valor absoluto, lo que atestiga un crecimiento de la competitividad. Por ejemplo si en 2015 la economía creció de un 3,4 % y el empleo creció de solamente un 2,4 %, este diferencial se explica por un crecimiento de la competitividad del trabajo, debido obviamente a la inversión en capital, que sea material como el equipo productivo o inmaterial como las competencias.

El PIB por habitante se sitúa justo por encima del de Italia (y lejos por encima del de España en conjunto), poniendo Cataluña en décimotercera posición de ingresos medianos dentro de la Unión Europea, alcanzando algo como 27500 € en 2015 o sea 31500 $, y cerca de 30000 € en 2016 o sea 32000 $. La progresión parece débil ya que el PIB total o por persona queda convertido a dólares para el establecimiento de comparaciones internacionales y así violentado por la caída de la tasa de cambio, pero estos 1,5 % de crecimiento aparente en dólares corresponden en

---

[6] Del mismo modo los indicadores de pobreza y de desigualdad económica bajan año trás año.

realidad a un 9 % de crecimiento real del PIB por habitante, en euros.

Ya que su dinamismo no es de ayer, Cataluña conformó hace casi treinta años con Lombardía, Bade-Wurtemberg y la región Ródano-Alpes (recién aumentada por Auvernia) la alianza Cuatro Motores para Europa, qua va más allá que un simple hermanamiento o intercambio de experiencias ya que se trataba el principio de promover el papel de las regiones y de sus actores económicos dentro de la Unión Europea, y ahora de reforzar su competitividad económica, científica y tecnológica favoreciendo los partenariados interregionales, teniendo en común estas cuatro regiones un PIB por encima de la media europea, una economía dinámica e inovadora y un rico patrimonio natural.

Por otra parte su esfuerzo de gestión permite reducir el peso relativo de los servicios públicos sobre la sociedad productiva. El presupuesto público de Cataluña abarca él del gobierno (la Generalitat) o sea 25 mil millones de euros en 2017 (24 mil millones en 2015), más él de las colectividades territoriales y del servicio médico-hospitalero o sea 2,5 mil millones, más él de las universidades públicas o sea 0,5 mil millones. Este total de 28 mil millones en 2017, comparado con los 27 mil millones de 2015 y los 27,4 mil millones de 2016 muestra una progresión bien inferior al crecimiento de la economía.

Hasta ahora un 75 % del presupuesto público catalán está dedicado a los gastos sociales, ellos mismos por mitad dedicados a la salud y por una tercera parte a la educación, y el 80 % del aumento del gasto público en

2017 respecto a 2016 se justifica también por los gastos sociales. Este aumento del gasto público está permitido por una parte por el aumento de los ingresos fiscales, debido al crecimiento de la base fiscal (crecimiento de la economía) y a la institución de nuevos impuestos[7], y por otra parte por laa baja del servicio de la deuda (los intereses) ya que el gobierno catalán se está seriamente desendeudando.

Si el microscopio de los auditores españoles, irritados por la línea afectando 6 millones de euros al referéndum en 2017, permitió detectar que la línea presupuestaria dedicada por el gobierno catalán a las relaciones institucionales y exteriores fue prácticamente duplicado entre 2015 y 2017, pasando de 34 a 64 millones de euros, se está hablando lá de respectivamente un 0,16 % (un y medio por mil) del presupuesto catalán en 2015 y un 0,28 % (tres por mil) des presupuesto en 2017, y apenas un 2 % del aumento del presupuesto entre estos dos años (une de las últimas prioridades), lo que deja augurar una gran ofensiva diplomática en todas las direcciones en favor del reconocimiento internacional de la soberanías de Cataluña... sabiendo sobretodo que sólo una tercera parte de este monto corresponde a las relaciones exteriores (esencialmente europeas). Un esfuerzo será evidentemente necesario ya que hay sólo catorce oficinas de representación en el exterior, pero no aparece todavía en las planificaciones presupuestarias. Por otra parte el gobierno catalán cuida también a sus fornecidores, y entre el fin de 2015 y el fin 2016 ha reducido sus plazos de pago de dos meses a un mes.

---

[7] Los nuevos impuestos portan sobre las bedidas excesivamente azucaradas y sobre las materias radioactivas, ya que él considerado sobre el gás carbónico parece diferido.

Las reglas de la zona euro, instauradas inicialmente como criterios de convergencia para los países candidatos y luego tranformados en objetivos de estabilidad[8], exigen entre otras cosas que el déficit presupuestario, o sea la diferencia entre los ingresos fiscales y los gastos, generalmente cubierto por endeudamiento, no supere un 3 % del PIB des país. Por su parte España reserva lo esencial de esta autorización de desequilibrio presupuestario a la administración central y sólo autoriza a las regiones autónomas un desequilibrio bastante inferior. En el caso la autorización de déficit acordada a Cataluña era de un 0,7 % de su PIB en 2015 y 2016 y un 0,5 % en 2017. No obstante España había obtenido de la Comisión Europea una autorización de déficit de un 4,2 % para 2015 que no respetó ya que terminó al 5,1 %, una autorización de déficit de un 4,6 % para 2016 porque la Comisión Europea no había tomado en serio la previsión española irealista de un 2,8 %, u una autorización de déficit de un 3,1 % para 2017.

Mientras el gobierno español considera normal endeudarse sobre el PIB aportado por las provincia ya que asume para ellas cargos de soberanía como defensa y diplomacia, por su parte el gobierno catalán que se encarga de lo esencial de la administración pública (inclusive la policía[9] que otras provincias no tienen aparte Navarra y el

---

[8] Algunos países obtienen a veces derogaciones a razón de su potencia, como Alemania y Francia, o de su situación crítica, como España Irlanda y Grecia.

[9] Por otra parte el gobierno central deniega a la policía catalana o *mossos d'esquadra* el acceso a los datos de Interpol y un aumento de un 3 % de sus efectivos (inferior al crecimiento económico catalán) a pesar de que procedió últimamente a un 37 % de todas las interpelaciones de islamistas en Españae.

País Vasco) considera como una injusticia de beneficiar de sólo un 15 % de la autorización de endeudamiento generada por su propio PIB provincial mientras el gobierno español se toma un 85 % de esta autorización de endeudamiento asentada sobre el PIB de Cataluña. Es uno de los contenciosos político-financieros recorrientes, como el mayoría de los países en donde la provincia más rica tiene el sentimiento de trabajar para reforzar las más pobres.

Aun si Cataluña debiera, para construir un verdadero Estado en todas sus dimensiones, pasar de un presupuesto anual todo incluído de 30 mil millones de euros a los 50 a 60 mil millones que anuncia su ministerio de Economía, y tomar préstamos por la diferencia el primer año antes de la colección de los primeros impuestos no revertidos, Cataluña todavía tendría una buena margen y quedaría dentro de la países mejor administrados de la zona euro.

# DETERMINANTES

## Del idioma a la nación

La idéología nationalista de la revolución dicha francesa, al inventar un factor artificial de identificación, ha introducido nuevos motivos de división en toda Europa.

Etimologicamente la palabra de nación invoca, como la de naturaleza, la idea de nacimiento. Así, mientras la revolución que creó la ideología nacionalista pretendía abolir todas las distinciones de nacimiento entre Franceses, al inventar la nacionalidad francesa instituyó una distinción de nacimiento entre Franceses y extranjeros, que no existía anteriormente.

Deseando abolir todos los cuerpos intermediarios entre el individuo y el Estado, la república unitaria y totalitaria pudo fácilmente disolver legalmente los Estados o provincias y sus parlamentos, que eran instituciones y entonces por naturaleza destituíbles, pero le fue más difícil anihilar los pueblos, que son realidades naturales no instituídas y sin estatuto legal. Era fácil borrar de todo documento oficial la antigua expresión real "los pueblos de Francia" o "nuestros pueblos", pero más difícil hacer perder a los ciudadanos su identidad colectiva tangible y su sentimiento de pertenencia comunitaria inmediata. Por supuesto se abolieron la parroquias instituyendo un registro de estado civil administrativo central, prohibiendo las referencias religiosas (y pronto reprimiendo el culto) y creando municipalidades administrativas estándar luego de la abolición de todas las cartas (estatutos) municipales y de las leyes particulares o privilegios.

Para crear una nación se instituyó el servicio militar universal obligatorio (sin por tanto suprimir los impuestos hasta entonces debidos por las personas no sometidas al servicio militar), destinado a forjar un sentimiento de unidad nacional frente al enemigo pero también a mezclar los orígenes geográficos bajo una sola bandera. Los "húsares de la república" (maestros de escuela pública), servidores fieles de un régimen ciegamente aservido a la ideología, enseñaron "nuestros antepasados los Galos" a los chicos bérberos, hmongs y canacas. No obstante, abolir los pueblos llevó más tiempo porque se necesitaba para ello hacer desaparecer los idiomas y dialectos otros que el francés, y en el siglo XX los educadores tenían por costumbre castigar a los alumnos que usaban "hablares" entre sí durante el recreo. Aparte la pertenencia a un mismo Estado, la única característica común entre un Alsaciano protestante, un Bretón católico, un Condadino judío y un Pondicheriano hindú, no podía ser otra cosa que el idioma nacional.

No obstante existen naciones, recién constituídas sobre territorios en donde una colonización homógena o aun heterógena suplantó los pueblos aborígenas. En Argentina, en Australia y en Brasil, millones de inmigrantes esencialmente (pero no únicamente) europeos, llegados individualmente o en pequeños grupos, se integraron a una identidad colectiva jóven constituída de un fondo de cultura colonial local enriquecida de los mitos de la independencia y luego de la afirmación existencial particularista frente a las viejas potencias europeas (y a los países vecinos). Allá familias vecinas de origen italiano, alemano o irlandés construyeron casas similares adaptadas al clima y a los materiales locales, la elección personal del colón salido de Sicilia proporcionándole tantas chances de darle un vecino alemán en Argentina que de dar a su hermano un vecino polaco en Australia. Menos en Canadá donde la colonización post-francesa es comunitaria, los recién llegados construyeron una nación porque no habían encontrado (o dejado) ningún pueblo al cual integrarse. En realidad en aquellos parajes la institución del Estado precedió la llegada de lo esencial de la población, la cual por otra parte, todos orígenes lingüísticos confundidos, tuvo que adoptar el idioma común enseñado por el sistema educativo nacional.

En Europa es lo contrario, y si la ideología nacionalista hizo tantos estragos es porque generó la búsqueda del Estado-nación, motivación dominante que determinó las guerras de estos dos últimos siglos, en el XIX por la constitución de nuevas naciones y en el XX por el desmembramiento de antiguos conjuntos multinacionales. Antes de esta ideología se supo juntar pueblos y constituir paulatinamente, a lo largo de los siglos, conjuntos heterógenos como los imperios en el sentido perso, romano, bizantino, azteca o ruso, en donde la autoridad central, pero no total y exhaustiva, iba a construir un mínimo de Estado común para administrar el vivir juntos, esencialmente la defensa exterior y el arbitraje entre entidades constitutivas. Por el contrario en el siglo XIX primero se dibujaron arbitrariamente unas fronteras, en París para Europa y luego en Berlín para África, a veces con buena conciencia geográfica, y luego se daba a un Estado único el cargo de fusionar los distintos pueblos o pedazos de peublos en una nación.

La política, este arte de administrar la realidad existente, había cedido el paso a los políticos, esos profesionales de la negociación entre potentes. Se diseñaron fronteras artificiales infranqueables, y un poco más tarde se fundaría una Sociedad de las Naciones para garantizar su intangibilidad. No quedaría más que obligar a los Ligurios continentales a hablar florentino en lugar de genovés y a los Ligurios insulares a hablar francés en lugar de corso, a enseñar las luces de Danton y la felonía de Charlotte de Corday a los Kuntas pastores esclavagistas nómadas blancos musulmanos arabófonos en la misma aula de clase que a los Senufos agriculturos sedentarios negros animistas francófonos. Se desmanteló la federación austrío-húngara de pueblos heterófonos situada entre Francia y Rusia, este gran conjunto heredero del Sacro Imperio Romano Germánico, cuya ubicación central había molestado tantas potencias potenciales pero periféricas como Francia, Turquía, Rusia e Inglaterra.

En el siglo XIX Prusa unió todos los países germanófonos, y empezó a harmonizar (eradicar) sus dialectos. Al siglo siguiente la consecuencia fue el proyecto por Alemania de anexar las regiones habitadas por pueblos germanófonos en otros Estados, y, una guerra más tarde, la expulsión de todos esos pueblos, sospechosos involuntarios de traición, por dichos Estados una vez victoriosos, en dirección de Alemania vencida que recibió así las poblaciones pero no sus tierras de las que fueron despojadas y cazadas. Los pocos países germánicos quedados o vueltos independientes cuidan ahora su especificidad, y la Alemania unida quedó una federación, de la cual un constituyente mayor, la Baviera católica, fue empujada hacia la secesión por la invasión musulmana invitada por el gobierno federal en 205, y fue retomada *in extremis* por engaño y amenaza de la fuerza, el 13 de septiembre de 2015.

Tambien en el siglo XIX el Piamonte-Cerdeña unió todos los países de la península italiana, y empezó a harmonizar (eradicar) enérgicamente sus dialectos. Todavía en el siglo XIX, al llamado de los intelectuales croatas y sin consideración de las religiones inconciliables, Serbia unió todos los países de los Eslavos del Sur menos Bulgaria pero no impuso el idioma serbocroata a las provincias que tenían su propio dialecto (Eslovenia, Macedonia y Montenegro), ni siquiera a las minorías locutores del idioma de una país vecino (Magyares, Shiptares y Venecianos). Se oficializó hasta una veintena de "nacionalidades" de las cuales cinco constitutivas y las demás minoritarias, dicha "nacionalidad" siendo una identidad comunitaria de nivel inferior a la ciudadaníaa yugoslava (en realidad pueblos), como serbio, croata, esloveno pero también italiano, húngaro, gitano... y luego en 1972 musulmán, lo que no podía llevar a otra cosa que la partición.

Los partidarios del nacionalismo a vocación universal pueden ver lá la demostración de la necesidad de unificación por un idioma común y regretar que con un poco más firmeza educativa y una generación más se podría tener hoy veinte millones de Yugoslavos hablando serbocroata, o sea más que de locutores de húngaro, de griego o de sueco. Los partidarios des respeto de los pueblos (populismo se convertió en insulto) pueden ver lá la demostración del carácter artificial y forzado de la unificación y regocijarse de que seiscientos mil Montenegrinos, dos millones de Eslovenos o dos millones de Macedonios hablen su propio idioma. En la escuela todos toman el inglés como primera lengua extranjera y el el italiano o el alemán como segunda. La torre de Babel no es sólo un mito. El en mundo latino otrora, como en el mundo árabe hoy, la dispersión geográfica de los pueblos llevó a tantas disparidades de pronunciación a pesar de la unicidad de la escritura, que luego de dos mil años de extensión y de variación de la lengua, en el sigle XVII los diplomáticos europeos ya no se entendían más oralmente.

A nivel internacional, desde el Tratado de Rastatt los soberanos y embajadores acabaron imponiendo al Imperio el uso del francés, inicialmente no por su precisión[10] sino por su neutralidad ya que era un idioma extranjero para todos, y todavía homógeno ya que recién difundido en todas las capitales (hoy no es seguro que un Reunionés entendería a un Quebequés).

A nivel interno, se necesitó un siglo más para que los súbditos del Imperio empiecen a obtener el derecho de exprimirse en sus parlamentos en otro idioma que en latín, lo que fue el despierto de las conciencias de los pueblos. Pero los idiomas reprimidos por mucho tiempo, confinados al oral y limitados a un uso vecinal se habían fraccionados en una multitud de dialectos. En el momento en que la estética romántica inspiró y animó a todos los artistas de Europa, poetas y novelistas en particular, el retorno a lo auténtico y la búsqueda de raíces revivifió los hablares populares. Juntándose para relevantar sus

---

[10] El gran francólogo Léopold Sedar Senghor explica que es la precisión del francés que hizo de ello el idioma de la ciencia pero también que, como el griego más temprano, la exigencia de su sintaxa formó espíritus lógicos al contrario por ejemplo del inglés que ignora la concordancia de tiempos.

idiomas, los escritores buscaron a harmonizar sus variantes por una grafía común y simple.

Así el Acuerdo de Viena convocado por Franc Miklošić vió a Vuk Karadžić harmonizar una veintena de dialectos en un serbocroata chtokaviano al mismo momento en que las provincias de Austría-Hungría de cultura eslava querían unirse a Serbia emancipada de Turquía. La Respelido provenzal vió a Joseph Roumanille iniciar la simplificación conocida como "grafía mistraliana" para el provenzal rodaniano, no exclusiva de la grafía clásica todavía impresa para las obras anteriores. Inspirado por el Félibrige, Bonaventura Carles Aribau lanzó la Renaixença catalana. Y finalmente la reunificación por la codificación escrita moderna de variantes habladas múltiples, en una época de desuso cuando nadie prestaba atención a los trabajos de algunos lingüistas iluminados, dió idiomas modernos coherentes fáciles de aprender donde al leer una palabra se la sabe pronunciar y al oirla se la sabe escribir, al contrario de los idiomas que variaron en grafía o en pronunciación desde su codificación. Finalmente el despierto de los idiomas facilitó el despierto de los pueblos *"car de mourre-bourdoun qu'un pople toumbo esclau, se tèn sa lengo tèn la clau que di cadeno lou desliéuro"*[11].

Uno de los precursores del nacionalismo es Johann Gottfried von Herder, para quién el hombre es determinado por su expresión y modelado por el idioma en el cual se expresa. Nacido en la abstracción el nacionalismo se fijó sobre el criterio concreto del idioma, de lo que los Flamencos francófonos y los Flamencos

---

[11] *"Que un pueblo caiga totalmente en esclavitud, si tiene su idioma posee la llave que lo libera de sus cadenas"* – Frédéric Mistral.

germanófonos se dieron cuenta luego de haber fundado un Estado sobre la base de su fe católica común algunas generaciones antes de que la desafección del hecho religioso yerga el idioma en factor de identificación principal. Pero la nacionalidad inventada por la revolución se recibe por el nacimiento, no se elige y es transmitida por los padres. En el continente europeo es una ideología nacida de las culturas germánicas, pueblos nómadas a menudo invasores que no por ser vinculados o atados a una tierra Sur le continent européen c'est une idéologie née des sacan toda su identidad de su filiación. Esta cultura de carácter tribal fue reanimada en los años noventa por la propaganda alemana que, justamente para deshacer Yugoslavia (y ocultar la guerra de religiones), ha reintroducido en Europa la palabra "etnías" que se creía reservada a los pueblos primitivos de África y de Asia, justificando el derecho de la sangre o *jus sanguinis* en nombre del cual, por ejemplo, Croacia iba a deportar y expulsar la octava parte de su población.

# Del peligro nacionalista

Por el contrario en los países latinos y los bañados en su cultura sedentaria y del derecho latino escrito, la regla fue por mucho tiempo el derecho del suelo, *jus soli*.

Existe una diferencia moral (en el sentido de moras objectivas, no de ética subjetiva) fundamental entre los pueblos sedentarios campesinos, generalmente pacíficos o al menos defensivos en sus tierras, y los pueblos nómadas tribales, generalmente guerreros o al menos ofensivos sobre las tierras de los demás. Los pueblos que veneran ante todo la gesta de sus antepasados son más difíciles de dominar porque, llevando su identidad consigo, prefieren migrar que ser aservidos. Los pueblos que veneran ante todo la *patria* o tierra de los antepasados son más difíciles de desarraigar porque, no pudiendo llevar su identidad, prefieren cambiar de amos que dejar su suelo. El nacionalismo rinde culto a un tesoro mueble, el patriotismo rinde culto a un tesoro inmueble. El Judío unido en la errancia es nacionalista, el Palestino inmóvil bajo las ocupaciones sucesivas es patriota. A lo largo de los siglos los Germanos, los Vándalos y los Visigodos citados anteriormente, los Hunos, los Árabes, los Vikingos y los Magyares terminaron instalándose sobre territorios, pero conservaron sur derecho consuetudinario, sus tradiciones y por supuesto su visión de la identidad recibida por los padres más que encontrada bajo sus piés.

Pero por lo esencial de los pueblos de Europa, civilizados por Roma o Constantinopla, la identidad se estaba en el territorio. Durante siglos los hombres libres podían cruzar todo el continente, con la condición de hablar la *lingua franca* latina, y adoptar los usos de los territorios en donde se instalaban, como la famosa inmigrante Catalina la Grande, o como todos los ministros reclutados en Francia (y en otros países) sin consideración de su lealtad de nacimiento.

Los excesos de las bandas de mercenarios desmobilizados siempre existieron pero antes del invento de la guerra total justificada por el nacionalismo (y permitida por el servicio militar obligatorio universal y sin limitación de duración), las provincias cambiaban de suzerain o de Estado de pertenencia sin ser despobladas y repobladas, o aculturadas. Los pueblos provenzales, por ejemplo, mantuvieron una cultura común a pesar de siete siglos de separación política, y recién empezaron a perderla con la francización forzada que siguió la incorporación de los últimos dos de ellos (el venecino y el nizardo) a Francia: su identidad que había sobrevivido a siete siglos de ausencia de un Estado-nación común no sobrevivió a dos siglos de un Estado-nación extranjero. Según las alianzas, las fusiones dinásticas y las guerras, una provincia podía pasar de una dependencia a otra sin cambiar su idioma, su religión o sus leyes, y generalmente sin cambiar su administración orgánica interna, en términos de personas (posiblemente raliables o revocables) pero sobretodo en términos de estructuras permanentes. La revolución francesa vió los cuerpos intermediarios como obstáculos entre el Estado y el ciudadano aunque fueran la emanación natural de la sociedad o mejor dicho de las sociedades distintas que un gran Estado multipopular debe federar. Antes de esta ideología jacobina enemiga de las diferencias, según las hazañas de su constitución progresiva un mismo Estado podía comportar varios sistemas jurídicos, siendo cada provincia incorporada con su derecho propio. En aquel entonces uno era obviamente más determinado por el lugar donde vivía, y en menor medida por el lugar donde había nacido, que bajo qué juridicción o de qué pueblo uno había nacido. Los derechos y las obligaciones dependían del lugar en donde uno se encontraba.

Mientras algunos invasores germánicos se habían convertidos al arianismo filosóficamente más compatible con su comogonía patriarcal, los Francos se habían critianizados al mismo tiempo que se habían romanizados, y habían instalado su derecho consuetudinario sin hacer *tabula rasa* del derecho romano anterior, interrumpiendo menos que otros la marcha civilizadora del derecho escrito hacia el norte. Más tarde en la antigua Francia, antes del invento de la nacionalidad francesa transmitida por los padres cual que sea el lugar de nacimiento, los súbditos presentes en los terruños de Francia eran simplemente llamados reinícolas, lo qui significa literalmente los que viven en el reino. Se gozaba de los derechos (y deberes) de reinícola por el simple hecho de vivir en Francia, o según las épocas de haber nacido en Francia, incluso de padres extranjeros. Asimismo, y al contrario de los simples viajantes llegados de países ultra-fronterizos, los ciudadanos de los territorios extranjeros enclavados en Francia (Estados pontificios notablemente) beneficiaban también, a título excepcional pero inscrito en el derecho francés, de los derechos de reinícola durante sus estadías o tránsitos en Francia.

Cuando Francia emitió los primeros pasaportes, que eran en realidad cartas de recomendación por las cuales la potencia más respetada certificaba que el viajante era su súbdito y pedía a los países (especialmente lejanos) de tratarle bien, se otorgaban a cualquier persona que lo pedía, aunque fuera un Illinois de Huronía deseando visitar el Alaska ruso. El pasaporte era una atestación de origen geográfico o más bien de residencia en Francia, no como en muchos países hoy un certificado (o hasta un sinónimo) de nacionalidad preciosamente deseado por los inmigrantes todavía no naturalizados[12]. Cuando Francia se extendió hacia América del norte, los indígenas se hicieron automáticamente reinícolas. Al contrario de otras potencias europeas que buscaban más tierras cultivables que súbditos, Francia no procedió a ninguna exterminación o deportación porque se consideraba que un pueblo era atado a su tierra y definido por ella. La tradición francesa es sin ninguna duda la del *jus soli*, y la veneración de la nación en lugar de la pátria es joven en términos históricos.

El nacionalismo muy presente en Europa, especialmente en los Estados jóvenes, es soportado por las instituciones europeas. El Consejo de Europa, por ejemplo, institución dedicada a la protección de los derechos humanos, admitió en su seno Croacia en 1996, es decir una año luego de que terminara expulsar la octava parte de su población, el medio millón de personas que tenía la mala suerte de pertenecer al pueblo serbio de Croacia, convertido en una "minoría nacional" después de que la constitución del 22 de diciembre de 1990 (anterior a la secesión) le haya retirado el estatuto de pueblo constitutivo, y luego lo haya expulsado *manu militari*. La Unión Europea, por su parte, admitió en su seno Letonia an mayo de 2004, sabiendo que una enmienda de febrero (preparado bien antes del tratado de adhesión de 2003) a

---

[12] En algunos países como en Argentina los residentes extranjeros pueden obtener un pasaporte, en el cual está indicado su nacionalidad extranjera si no son apátridas.

la ley educacional acababa de marginalizar, y calificar de extranjero, el idioma del 40 % de la población. La Unión Europea también aceptó que este país continúe, según su constitución segregacionista de 1998, de considerar como apátrida casi la mitad de su población nativa, contada en los quotas para la atribución de asientos en el Parlamento europeo pero despojada de derecho de voto, que así la Unión acepta ver representada en los órganos comunitarios por sus opresores[13]. Estonia fue admitida en la Unión Europea bajo condiciones similares, y si la situación es mejor en Lituania es más por la firme voluntad de asimilación mostrada por el Estado que por cualquiera presión de las instituciones europeas.

Más recientemente, apenas instalado en Kiev por la Unión Europea mediante el golpe de Estado del 22 de febrero de 2014 (día mañana de la firma del acuerdo de salida de crisis patrocinado por Francia, Allemania y Polonia y pasado mañana del pogrom de Korsun), el nuevo régimen nacional-socialista disolvió inmediatamente el Estado ucraniano abrogando su constitución, y luego retiró el estatudo de idiomas oficiales regionales a todos los idiomas otros que el ucraniano, a saber el ruso, el tatar de Crimea, el húngaro y el polaco. Rehusando negociar con las regiones que se negaban a reconocer el golpe de Estado y reclamaban el restablecimiento de la constitución, el nuevo régimen instalado al oeste del Dniéper envió el 15 de abril el ejército ex-ucraniano contra las poblaciones que habían ocupado pacíficamente unos edificios públicos como lo habían hecho (con efusión de sangre) en Kiev la

---

[13] La Unión europea hubiera podido exigir para la atribución de estos escaños que fueran elegidos por la población a representar, y diferir su atribución hasta que dicha población haya recibido la nacionalidad y el derecho de voto.

oposición pro-euniopea. Consumida así su secesión de la Ucrania, cuya constitución, de paso, prohibía el uso del ejército sobre el territorio nacional y en mantenimiento del orden, este nuevo régimen considero las regiones refractarios al golpe de Estado como un país extranjero, contó las víctimas civiles como pérdidas extranjeras enemigas y manifiestó su intención de deportar toda la población de esas regiones, proclamando su soberanía en toda la ex-Ucrania. Este nacionalismo maloruso-galitziano exacerbado excluía a los demás pueblos, notablemente gran–ruso, cosaco y tatar, y Bogdan Butkevich tranquilamente justificó y cuantificó las miplicaciones genocidarias.

Tales tragedias sólo podían llevar a preocuparse por la consecuencias posibles de un nacionalismo catalán, ya orgullosamente expresado en la reivindación lingüística, luego del restablecimiento de laxsoberanía de Cataluña. Estas preocupaciones serían aun más graves en caso de secesión sobre un modo conflictual. El papel identitario jugado por le idioma podía dejar temer una segregación basada en la nacionalidad recibida de los padres, según el modelo tolerado o soportado por la instituciones europeas, o basada en el dominio de idioma.

# Un patriotismo inclusivo

Es seguramente por los precedentes nacionalistas sangrientes en Europa que el gobierno catalán insistió en dar a conocer sus intenciones, no por algunas declaraciones imprecisas de buena voluntad, sino por la preparación de un texto ne nivel supra-legal especificando el estatuto de las poblaciones alógenas y aportándoles garantías casi constitucionales.

No es seguro que el proyecto de ley de transición publicado por El País el 22 de mayo 2017 sea auténtico, pero compromete de alguna manera al gobierno catalán ya que éste no podría en adelante presentar al parlamento un proyecto llevando menos seguridad para las poblaciones. Por una parte el gobierno catalán (y su población incluso independentista) no adhiere a las idología que llevaron Alemania a encorager la secesión de una Croacia que había recién echado uno de sus pueblos constitutivos y de barrarlo de sus servicios públicos, o las ideologías que empujaron a la Unión Europea a encorager Letonia y Estonia a mantener fuera del parlamento, fuera del cuerpo electoral y son nacionalidad a una parte significativa de su población nativa. Y por otra parte el mismo parlamento de Cataluña, compuesto en gran parte de no-Catalanes y elegido por el conjunto del cuerpo electoral español residiendo en las circunscripciones electorales de la comunidad autónoma, no votaría un texto discriminatorio hacia la mitad de la población.

La ley de transitoriedad jurídica hubiera podido mencionar únicamente las normas jurídicas aplicables hasta la adopción de una constitución, sin revelar de antemano las condiciones de la proclamación de independencia que pondrán en vigencia esta ley de transidoriedad, hubiera podido añadir las modalidades de transición entre administraciones españolas y catalanas, incluso las condiciones de continuidad de los funcionarios no-Catalanes. Pero nada obligaba que detalle el código de la nacionalidad, que en la mayoría de los países son objeto de leyes y decretos distintos de la constitución, posteriores y más fácilmente modificables, como lo muestran las errancias permanentes del código de la nacionalidad francés.

Tendrán la naciolidad catalana de origen todos los Españoles quienes, al momento de la entrada en vigencia de la ley, habrán sido inscritos en el padrón electoral de una municipalidad de Cataluña por al menos un año. Es, de no equivocarse, la ley la más amplia e inclusive jamás promulgada a la independencia de un país. Los Españos empadronados en Cataluña desde menos de un año podrán pedir la nacionalidad catalana transcurridos dos aaños de empadronamiento. Serán Catalanes también todos los Españoles nacidos en Cataluña. Se trata de la aplicación estricta del *jus soli*, bastante generalmente adoptada cuando un país accede a la independencia, pero, no obstante, no sistemáticamente ya que rechazada por varios países de la Unión Europea ya citados: a un 12 % de los Yugoslavos nacidos en la república yugoslava de Croacia s les denegó la nacionalidad croacia a la independencia, y a un 40 % de los Soviéticos nacidos en la república soviética de Letonia se les denegó la nacionalidad letona a la independencia (el 30 % en el caso de Estonia). Serán Catalanes también los Españoles quienes, aunque residan fuera de Cataluña, hayan tenido allá su último domicilio legal durante al menos cinco años. Esta formulación divulgada por El País no queda necesariamente muy clara para un no-Español. O bien el "último domicilio" significa el domicilio antes de la salida de Cataluña, o sea en realidad el penúltimo, o bien hay realmente una diferencia administrativa entre el domicilio legal y el empadronamiento electoral, y el legislador prefiere favorizar la persona que se comprometió en la vidad de la ciudad (pidiendo al elector sólo uno o dos años de empadronamiento) ante la persona que vivió en Cataluña mientras continuando votando afuera (de éste se exige cinco años). En todos casos esta categoría corresponde a los que no residen más en Cataluña pero guardaron un vínculo. Por fin, concesión a las reglas vigentes hoy en la mayoría de los países del mundo, serán Catalanes los hijos de Catalanes.

Cabe añadir que la nacionalidad catalana de origen no será exclusive de la nacionalidad española, así no se pedirá renunciar a la nacionalidad española. En realidad el derecho internacional lo entiend así, pero no todos los países lo respetan, como Serbia y Crocia que firmaron un acuerdo prohibiendo la doble nacionalidad y que pidieron a los ex-Yugoslavos que tenían acceso a ambas (por su origen "étnica" en el caso de Croacia y por su lugar de nacimiento od de residencia en el caso de Serbia) que elijan una sola. Y se trata aquí únicamente de las condiciones de reconocimiento de la nacionalidad catalana de origen, entonces limitada a los Españoles ya que hasta ahora todos los Catalanes son Españoles. Eso no impide que una ley ulterior precisa las condiciones de obtención de la nacionalidad catalana por alguién que la tenga de origen, por ejemplo los no Españoles nacidos o residiendo en Cataluña, así que otros caso de naturalización.

La filosofía que rige la política de nacionalidad catalana yace a la extremidad opuesta del nacionalismo, o del *jus sanguinis*, al contrario por ejemplo de la política intaliana que reconoce como Italiana cualquier persona que haya tenido al menos un abuerlo italiano, como lo saben todos los Argentinos, Estadounidenses y Canadienses nacidos como sus padres en América pero que tuvieron un abuelo inmigrante[14].

Es por el contrario una filosofía abiertamente patriótica, en donde explotar la tierra (en sentido amplio, industría y servicios incluídos), y por lo tanto mantener el país poblado, cuenta más que preservar los genes. Lo que caracteriza al pueblo catalán hoy, es esencialmente que vive en Cataluña y que habla catalán. Pero a nivel individual no hay mucha diferencia bien aparente entre un Catalán y un Español. Entre ambos no hay distinción de raza como en África del Sur o de colores de ojos como en Argelia, ni de religión como en Bosnia y Hercegovina, ni de estatuto social como en India, ni de riqueza como en Estados Unidos, ni aun de ideología política como en Francia: nada los distingue a primera vista. Al fin y al cabo, la diferencia principal es que uno pertenece al pueblo que vive en Cataluña y habla catalán, y el otro no. Pero un idioma se puede aprender, y un lugar de vida se puede elegir. No importa quién era Catalán no catalanófona antes de la era (abierta en 1975) de la mobilidad profesional generalizada, la población residiendo actualmente en le país sera catalanizada por la escuela primaria y el ambiente cultural. Una buena parte de los catalanófonos

---

[14] Italia es el primer (posiblemente el único) país europeo que tomó conciencia ya al final de los años setenta de la baja crítica de la natalidad, y que concibió una política de inmigración apuntando a maintener la demografía sin perjudicar la identitdad del país.

de hoy teníana padres que hablaban castellano en casa, y abuelos que no hablaban el catalán (aunque lo entendieran). Lo que cuenta es la tierra catalana, tierra de tránsito y de inmigración como todos los países ricos cuya industría ayer y servicios hoy necesitan mano de obra. No es seguro que una familia de origen catalana instalada en Madrid desde tres generaciones se todavía catalana. Pero es probable que una familia de origen madrileña de la cual una o dos generaciones de chicos ha sido scolarizada desde la escuela primaria en el sistema educativo catalanófono sea culturalmente catalana.

Como mencionado anteriormente, los pueblos más atados con su tierra que con sus genes son más acogedores. Cataluña no se está encerrando en el nacionalismo, está abriendo su patriotismo.

# Del autonomismo al separatismo

Luego de su reunificación a la España unitaria por las armas franquistas en 1939, no se oyó hablar mucho de Cataluña, si no es en términos culturales y luego económicos.

Por otra parte en al país vasco, si se oyó hablar bastante en el exterior de los ataques terroristas, se sabe menos, porque no conmueve tanto a la prensa, que centenares de militares fueron asesinados estos últimos decenios, en un objetivo de provocación apuntando a desencadenar un despliegue militar en la provincia afines de declarar la guerra civil del modo norte-irlandés. No hubo nada parecido en Cataluña. En Francia uno se acostumbra a ver en primera página unos encapuchados de negro con Kalachnikov, on en última página unos encapuchados de negro con cinturón de explosivos, y se finge difícilmente la sorpresa cuando centenares de actitivistas separatistas desfilan en uniforme militar ante la prensa convocada de noche. Corsega es así, los Canacos son así, los Vascos no cambiarán, los Bretones son incorregibles y los Mauros lo hacen también, le Parisino se acostumbra y modifica de ser necesario sus reservaciones de vacaciones.

Pero uno asocia Cataluña o Barcelona con el terrorismo o los riesgos de guerre civil. Los Bruselenses, los Parisinos y los Madrileños que van a bañarse en la Costa Daurada o la Costa Brava nunca sintieron la pesada opresión de un yugo imperialista español. Sus padres quienes, en los años setenta antes de la apertura de los hipermercados, leían la vitrina de las tiendas y seguían las señales viales, no imaginaban que sus preguntas en español suenarían pronto tan incongruas como las en inglés en Quebec. Con la expansión acelerada de los años ochenta se hubiera podido pronosticar a esta región encrucijada, abierta y de saldo migratorio ampliamente positivo un futuro de tipo rodaniano o franciliano, a saber la pérdida de toda cultura o particularidad en una sopa de números sin cara y de hombres sin raíces. No fue el caso, era Cataluña e iba a conocer el "*despierto del alma dormida*", para retomar la expresión des psicanalista Radovan Karadžić. Cuando todo se rompió, que los marcas morales se volatilizaron, que toda autoridad desapareció, después de la liberalización desfrenada inicial los jóvenes buscaron marcas, como un poco más tarde en los países salidos del comunismo. El Estado español cometió el error, de un punto de vista unitario nacionalista, de dejar regresar el idioma catalán a la escuela primaria. Y, como lo escribía el gran poeta Frédéric Mistral, "*quién tien su idioma posee la llave*", de una liberación posiblemente pero de su cultura más que todo. De acá vino la conciencia de la identidad de un pueblo, y por ende la reivindicación de su reconocimiento, finalmente consagrada en la Carta Europea de Lenguas Regionales o Minoritarias que al instituir obligaciones estatales hacia los locutores de estos idiomas implica derechos colectivos para ellos.

Desde el colapso del marco moral español ya dos generaciones (la del actual presidente catalán y la de sus chicos) pudieron fumar su marihuana sin satisfacer la necesidad de transgredir una prohibición que siente todo adolescente, en un ambiante libertino que hacía soñar y acudir a los más extremistas anarquistas holandeses. Pero no es todo, como para la guerra civil argeliana de los años noventa hubo un conjunción de factores, o mejor dicho una convergencia de vectores de los cuales uno solo posiblemente no hubiera llevado a la ruptura.

Allá como en otras partes a nadie le gusta pagar impuestos, y las regiones ricas se cansan de la solidaridad en sentido único, una tendencia centrífuga que fue determinante en Yugoslavia y que está tomando fuerza en Italia. El desequilibrio fiscal ya mencionado (también llamado spoliación fiscal), y su continuación autoritaria a pesar de la quejas, no allana las relaciones. Este cansancio de deber pagar sin fin para mantener las regiones más pobres a nivel se trasforma en sentimiento de injusticia en período de crisis financiera (o de estallido de burbuja inmobiliar) y de sanciones económicas, cuando la región económicamente sana y creciente debe someterse por la culpa de las regiones dificitarias a una política de austeridad como el gel de los salarios, la reducción de la protección social o el control de las importaciones, o a sanciones económicas como la elevación del costo del crédito o la confiscación dicha *bail-in* de las cuentas bancarias, todavía no efectuada en España pero ya autorizada por la Unión Europea. Que uno de los cuatro motores económicos de Europa sea asociado, en la prensa o en las negociaciones que los hombres de negocios llevan con sus partenarios extranjeros, al mayor país sometido a un plano de saneamiento en la zona euro, en la Unión y en Europa, genera una frustración que luego de algún tiempo puede desencadenar en la revolta. Los Catalanes querían más autonomía, especialmente fiscal, y una repartición más justa del producto de su economía con el resto del país. Hasta 2010 el electorado era autonomista en una mayoría aplastante, culminando generalmente el partido independentista hacia los 15 % del electorado.

Un nuevo estatuto de autonomía, elaborado y votado por el parlamento catalán en septiembre de 2005, fue primero corregido en negociación con el gobierno español, a pedido del parlamento nacional que acabó votando la versión corregida (menos de autonomía), luego de lo cual fue sometido por referéndum a los Catalanes, que lo aprobaron con un 74 % de los votos expresados el 18 de junio de 2006. No obstante, cuatro años más tarde, por su sentencia 31/2010 del 28 de junio de 2010, el Tribunal Constitucional español censuró una buena parte de los artículos de este estatuto, empezando con la definición de una "nación" catalana y la preferencia atribuída al idioma catalán de los dos idiomas oficiales, y redujo fuertemente las competencias del gobierno catalán en materia judicial y fiscal[15]. Los Catalanes entendieron que España no es una federación donde las provincias negocian las competencias que quieren poner en común y delegar al Estado central, sino un Estado-nación unitario que tiene toda autoridad para decidir de las competencias que quiere delegar o decentralizar a las provincias. En protestación una demonstración fue convocada para el 11 de julio para mostrar la unidad de la nación catalana, y juntó la mayor muchedumbre jamás vista en Barcelona. Los partidos políticos catalanes iban a pelearse, pero la población había volcado en favor de la independencia.

El Estado español no propuso alternativa. En el momento en que se escriben estas líneas, en junio de 2017, mientras se empieza a ver los detalles y la solidez del dispositivo elaborado, como anunciado, por el gobierno

---

[15] El Tribunal Constitucional habitualmente muy prolijo expedió ahí una de sus sentencias más secas, dedicando en medida una página a los argumentos de inconstitucionalidad de cada uno de los 199 artículos rechazados o enmendados.

catalán constituído en enero de 2016[16] con mandato de conducir a la independencia en dieciocho meses, el gobierno central no hace más que condenar a dos años de ineligibilidad el presidente anterior por haber organizado la consulta popular prohibida del 9 de noviembre de 2014. Que las municipalidades de Cataluña llamen abiertamente, en sus sitios internet, a ejercer este año la "soberanía impositiva" pagando a un fondo secuestro catalán especial, mediante recibo y descargo, los impuestos debidos al gobierno central, no parece traer ninguna reacción en Madrid. Mientras en Cataluña algunas voces súbitamente preocupadas por las consecuencias posibles de la aceleración (o mejor dicho la llegada a término) del proceso se preguntan sobre una fórmula de federación, de confederación o de independencia-asociación, el único asunto que evocan los políticos españoles en sus discusiones de gabinete y sus negociaciones de partido es el referéndum: su carácter ilegal, las modalidades para intentar de impedirlo, y las sanciones en contra de los que lograrían organizarlo a pesar de todo.

La máquina secesionista y constituyente catalana llevó tiempo, con lo pesado de un aparato político, para poner en movimiento un tren que al tomar poco a poco su velocidad adquirió una energía cinética gigantesca. No es un perrito superexcitado, es un elefante de se lanza. Los funcionarios administran los asuntos corrientes pero los políticos, que sean en el gobierno o en la oposición parlamentaria, dedican toda su actividad a esa cuestión. Los unionistas españoles que inventaron la expresión de "secesionismo profesional" tienen razón ya que la

---

[16] Las elecciones del 27 de septiembre de 2015 fueron ganadas por Junts pel Sí (juntos por el sí), coalición del PDECat de centro-derecha y del ERC o izquierda republicana catalana.

preparación y la conducta de la secesión es efectivamente la misión principal que fue asignada al gobierno actual.

Visto que el referéndum sobre la independencia convocado para el 9 de noviembre de 2014 fue prohibido por el Tribunal Constitucional español[17], el gobierno catalán no se atrevió a convocarlo sí-mismo y fue remplazado por una consulta popular organizada por la asocaciones independentistas. Mostró una victora aplastante del soberanismo, pero sobre una muy baja tasa de participación ya que el electorado había entendido que el resultado no traería ninguna consecuencia concreta. Asimismo, dos meses más tarde el entonces presidente (Artur Mas) convocó elecciones parlamentarias para el 27 de septiembre de 2015, precisando que este escrutinio tendría que decidir la cuestión de la independencia y plebiscitarla. Con una mayoría absoluta por apenas algunos escaños y sin mayoría aritmética de los sufragios expresados, no fue en realidad ni un pebiscito ni una decisión neta y se necesitó luego tres meses para que los dos partidos independentistas logren a un acuerdo para designar un presidente y formar un gobierno. El presidente catalán confirmado por el gobierno español juró fidelidad a la constitución y al rey, pero no escondió desde el primer días que trabajaría esencialmente a su misión de conducir Cataluña hacia la independencia en dieciocho meses, lo que en otros países o bajo otros regímenes sería una conjuración caracterizada llevando inmediatamente a la prisión en espera de un juicio.

---

[17] En realidad la sentencia definitiva n° 138/2015 estableciendo la inconstitucionalidad de esta consulta fue dictada el 11 de junio de 2015, o sea siete meses más tarde, aunque el artículo 161 de la constitución le otorgue sólo cinco meses para ratificar o levantar las suspensiones temporarias.

Ante esta aceleración política el población se queda esperando. Una mayoría de Catalanes no quieren más el Estado unitario español, pero como en todos los países ricos y en paz pocos consumidores saciados tomarían el riesgo personal de una confrontación para obtener la soberanía. Por otra parte una buena parte de la población no es catalana. No obstante, los resultados de algunos sondeos recientes, *a priori* sorprendentes, pueden ayudar a anticipar las reacciones.

Un sondeo de diciembre de 2016 oponía casi en igualdad un 44,9 % de los encuestados en favor de la independencia y un 45,1 % en contra. Un sondeo de marzo de 2017, publicado el 30, muestra que el 48 % de los encuestados no quieren que Cataluña sea independiente, en contra del 43 % que lo quieren (en diminución respeto a diciembre) y el resto de indecisos. Pero el 73,6 % quieren que la cuestión sea decidida por referéndum (el 22,7 % lo oponen), en el caso un 23,3 % solamente si España otorga el referéndum y un 50,3 % aun si tiene que ser conducido sin autorización española, es decir en desobediencia abierta. Y si efectivamente el referéndum se hiciera a pesar de la prohibición española, un 43,3 % votarían para la independencia y un 22,2 % votarían en contra, pientras que un 20,7 % se abstendría (para no aportar su caución a la desobedencia) y el resto votaría blanco o queda todavía indeciso.

Un mes más tarde un sondeo publicado el 17 de abril, enfocado más sobre las modalidades que sobre las intenciones de voto, muestra que un 75 % de los encuestados estiman que un referéndum es necesario, pero que ahora un 66 % (en alta neta respeto al sondeo precedente del mismo instituto) quieren que se haga con la autorización española y sólo un 29 % (en baja neta) desean que se concrete aun sin autorización nacional. Por fin, un sondeo efectuado a fines de junio y difundido el 2 de julio augura ahora de un 54 % de participación, y de una victoria del independentismo por un 53 % de los votos expresados. Por otra parte sólo el 12 % de los encuestados creen que una victorai del sí llevaría a la independencia, en progresión respeto a los 5 % del mismo sondeo en abril.

La conclusión es que no queda en Cataluña ninguna duda sobre la necesidad del referéndum, pero que el resultado de un referéndum permitido por España es hoy incierto, mientras que el resultado de un referéndum denegado por España sería la victoria ancha e indiscutible de la opción independentista. Eso tendría que animar el gobierno español a otorgar el referéndum y luego a desarrollar una campaña anti-independentista, y animar al contrario el gobierno catalán a obtener un rechazo español y luego a conducir el referéndum en la desobedencia.

En otras palabras, la población de Cataluña considera que un referéndum es obligatorio pero queda todavía partida (en igualdad) sobre la cuestión de la independencia, pero si el referéndum es denegado por España eso convencirá a una tercera parte de los unionistas de que no queda otra opción que la independencia, que vencería entonces en un proporción de dos a uno. Lo que es más preocupante en términos politológicos, aunque no pertinente para la democracia, es que según el sondeo publicado el 2 de julio y sacando también a los agnósticos, el 75 % de los Catalanes voterán por o en contra de la independencia creyendo que no está concretamente en juego, y que cual que sea el resultado del referéndum la independencia no llegará.

## Algunos casos recientes

En el caso de Escocia, que hizo recientemente la tapa de diarios, ninguna autoridad política informada tomó realmente en serio la pretensión separatista del gobierno escocés. Anteriormente, el referéndum fallido sobre la creación de un parlamente escocés, en 1979, no había mobilizado más de las dos terceras partes del electorado y se había terminado por un partido casi nulo (ni el sí ni el no alcanzando el quorum), y su reedición en 1997 había, esta vez, apenas permitido fundar en 1998 este parlamento y el primer gobierno escocés (de autonomía relativa) desde 1707. Este país constitutivo del Reino Unido durante cuatro siglos *de facto* y tres siglos *de jure* no tiene tremendas contendas comunitarias permanentes pero únicamente diferencias políticas circunstanciales. Su cultura es totalmente inglesa ya que el 99 % de los Escoceses no entienden el gaelico, y aun los auto-proclamados separatistas reconocen que nunca hubo opresión nacional. Pero los Escoceses son fácilmente marxistas, votan tradicionalmente por la izquierda, tienen una inclinación antimilitarista y sobretodo antiatlantista, y son, como otros Europeos, insatisfechos por la política capitalista y dereguladora del gobierno británico. La idea del referéndum de septiembre de 2014 vino al gobierno regional, creado apenas quince años antes, como un modo de contestación política, y su resultado (un 55 % en contra de la independencia) era prácticamente asegurado de antemano, razón por la cual el gobierno británico permitió que se celebrara, mientras soportando al mismo tiempo la campaña de intimidación según la cual la independencia de Escocia significaría su salida de la Unión Europea, que los Escoceses no querían y no quieren.

Por lo que toca a Bélgica la cuestión es mucho más seria, y varias generaciones de Belgas entraron en cada nuevo decenio pensando firmemente que lo terminarían con otra ciudadanía. Las viejas provincias francesas y españolas en los límites de las áreas culturales francófona y germanófona[18], acostumbradas como otras a cambiar antiguamente de soberanía sin modificar sur usos y costumbres, habían, luego de la partición de las Provincias-Unidas, constituído los Países-Bajos, pero luego de la invasión por las tropas e ideas de la recolución francesa a comienzos del siglo XIX las provincias sureñas católicas de ambos idiomas se separaron del resto para fundar un Estado-nación de acuerdo al criterio de identificación mayor de aquel entonces, la religión. Luego a medida del desvanecimiento del elemento religioso ante el elemento lingüístico como principal factor de identificación, la unión perdió su pertinencia. La afirmación de la francofonía de la familia real (en realidad bilingüe como casi todos los letrados del país) condujo la administración a afrancesar las colonias belgas de África, lo que no podía sino llevar la comunidad neerlandófona a sentirse en minoría política (si no numérica), y las disparidades económicas primerro en un sentido y luego en el otro radicalizaron los sentimientos comunitarios.

La realidad belga, a pesar de ser joven, proporcionó el vínculo humano por encima las comunidades y la continuidad institucional más allá de la inestabilidad política (la crónica ausencia de gobierno por incapacidad de los políticos a acordarse), lo que retrasó hasta ahora lo inevitable. Pero apenas y en tanto se había elaborado, a

---

[18] Los lingüistas consideran el idioma holandés llamado neerlandés, afrikaans o flamenco según las regiones como un dialecto (o grupo de dialectos perfectamente intercomprensibles) bajo-alemán.

propósito de la ex-Yugoslavia, la nueva doctrina europea de desmembramiento estatal por erguimiento en fronteras de los antiguos límites administrativos internos, se empezó a diseñar proyectos calculados y elaborados de agrupaciones e intercambios de circunscripciones entre las principales entidades políticas, tanto para reforzar la coherencia lingüística de dichas entidades que para permitir o impedir la formación de un corredor entre el enclave francófono de Bruselas y la Valonia, a través de los Flandes neerlandófonos. Esta preocupación por establecer una continuidad territorial permitiendo que Bruselas quede francófona, o por impedir esta continuidad afines de asegurar la caída de Bruselas en el cesto flamenco, muestra claramente que muchos no descartaban la posibilidad de una dimensión militar al conflicto de separación, que pareció ineludible a generaciones de polemólogos. La irrupción y la subida en potencia de una nueva comunidad, adherente de una ideología hóstil y violente y reivindicando una cultura ni latina ni germánica, esparcida en todas las ciudades de toda Bélgica (pero también de los Países-Bajos) relativizó la cuestión de los rencores entre las viejas comunidades de los Flandes históricos, y es ahora un conflicto totalmente otro, más civil que militar (en consecuencia más cruel) por falta de territorios delimitados, que empieza a imponerse, *volens nolens*, en el espíritu de los habitantes indígenas y alógenas de estas provincias.

El caso soviético de la auto-disolución del Estado federal luego de la constatación de su impotencia a evitar las guerras intestinas (entre las repúblicas soviéticas de Azerbaïdjan y de Armenia), las secesiones unilaterales (provincias bálticas y luego países mayores como Rusia y la Ucrania) y los golpes de Estado (agosto de 1991) es un escaso ejemplo de sabiduría política. También lo fue la aceptación *de facto*, por Yugoslavia en 1991, de la secessión unilateral, llevada inconstitucionalmente a pesar de que existiera un modo constitucional, de Eslovenia y Crocia, difícil de impedir en el caso de Eslovenia pero con evidencia de un conflicto interno consecutivo en el caso de Croacia[19].

Evidentemente el caso que fue manejado con el mejor éxito es la separación bilateralmente negociada de Bohemia-Moravia y Eslovaquia, en contra del interés de la última (pero a pedido de sus políticos) ya que en este caso excepcional era la provincia más pobre que pedía separarse de la más rica. El "divorcio de terciopelo" fue muy bien conducido a nivel práctico por una administración en parte liberal y en parte heredera de la función pública del régimen totalitario comunista, alistada en partidos que no juzgaron conveniente hacer intervenir en sus decisiones la autodeterminación de los pueblos interesados, a pesar de una petición de dos millones de ciudadanos (de quince) pidiendo como el presidente Vaclav Havel un referéndum ya que el 75 % de los Checoslovacos, bastante igualmente distribuídos, eran en contra de la partición, lo que unos sondeos preliminares habían indicado a los partidos políticos separatistas.

Un caso menos conocido en Europa es la independencia forzada por el abandono de un territorio, o sea súbitamente por la salida alguna mañana de todos los funcionarios del Estado central, comme en África y Oceania portuguesas luego del golpe de Estado militar en

---

[19] Cabe decir que el entonces presidente de Yugoslavia, Stjepan Mesić, era un Croata, que se convertiría algunos años más tarde en el segundo presidente de la Croacia independiente.

Lisbona en 1974, o sea con algunos años de preaviso y preparación como en África francesa luego del golpe de Estado de De Gaulle en París en 1958.

También hay la independencia impuesta por la fuerza. Así el Partido Social-Nacionalista de la Ucrania, fundado en 1991 y renombrado Svoboda ("libertad", más presentable en Europa occidental) en 2003, y denunciado por el parlamento europeo el 13 de diciembre de 2012 por su ideología "*racista, antisemita y xenófoba*", tomó el poder en Kiev un año más tarde por el golpe de Estado del 22 de febrero de 2014, abrogando inmediatamente el texto constitutivo de la Ucrania, e intimó a las otras regiones aceptar el nuevo régimen que se estaba instalando en el centronorte de la ex-Ucrania. Cuando las poblaciones de Novorusia (sureste) leales a la constitución se negaron a reconocer este nuevo poder no elegido salido del golpe de Estado, éste anunció el envío del ejército ex-ucraniano, que desertó masivamente, luego desalmacenó el viejo armamento pesado soviético (mísiles balísticos SS-21 inclusos) para equipar una "guardia nacional" constituída de conscritos y reservistas malorusos y galitzianos recién mobilizados y encuadrados por las milicias de obedencia nacional-socialista. Lanzado el 15 de abril para expulsar a la población civil hóstil del sureste (las decenas de civiles ex-ucranianos que masacró en Kramatorsk el mismo día fueron calificados de combatientes extranjeros), este "*ejército de Bandera*" como lo apodó la junta pasó el Dniéper el 25 y empezó el sitio de la ciudad de Slaviansk, forzando la población a tomar acta de la secesión y de la entrada en guerra de la parte occidental de la ex-Ucrania.

Un millón y medio de expulsados más tarde (mayor desplazamiento forzado de población desde la segunda guerra mundial) menos las pérdidas de los pogromes como en Odesa, las poblaciones lealistas del sureste se mobilizaban en batallones, sacaban los viejos carros de combate T-34 conmemorativos que se oxidaban sin motor en frente de los edificios públicos, y tomaban de asalto los depósitos de armamento ex-soviético situados en sus regiones... y el 11 de mayo tamaban acta por referéndum de la independencia (en realidad la guerra interetática) que les imponían las regiones que habían secedido abrogando el texto constitutivo de la Ucrania y luego cortando todos los servicios y todos los enlaces (electricidad, rutas, jubilaciones etc.). No obstante, hasta la fecha este Estado independiente *de facto* (poblado de cuatro millones de habitantes) no busca reconocimiento internacional.

Pero en general, la independencia es voluntaria, y autoproclamada en quiebra de la indivisibilidad de un Estado anterior más grande. Durante nueve años los Estados Unidos de América intentaron obtener que alguna instancia internacional proclamara y reconociera la independencia de la provincia de Kosovo y Metojia arrastrada por la Alianza Atlántica a Serbia en 1999. Era obviamente imposible ya que el mismo fundamento del derecho internacional es la soberanía suprema de los Estados, siendo cualquier organización internacional meramente una asociación entre pares sin autoridad superior sobre sus miembros. Entonces los Estados Unidos acabaron aprendiendo un poco de derecho internacional y empujaron a la administración provincial de ocupación, a la cual habían prometido la indepencia, a declararla sí-misma, lo que es efectivamente la vía usual de accesión a la soberanía.

# REALPOLITIK

## España fuera de tema

Acaso es solamente fingido, pero el gobierno españo parece totalmente desorientado.

Negándose a entrar en una discusión política, se esfuerza en mantener una postura legal y sobretodo judicial.

A nivel filosófico, el régimen español adhiere a la democracia, una doctrina cuyo nombre significa gobierno por le pueblo pero cuyas numerosas ambigüedades ya empiezan con la definición del pueblo (o de los pueblos) y continúan con la definición de gobierno y especialmente de sus modalidades, sabiendo que una oposición aparece en cuánto hay dos personas, una mayoría aparece en cuánto hay tres y la disputa insoluble o la parálisis de decisión no espera hasta la centena de co-gobernantes. Eso lleva rápidamente el tema de la delegación del poder de gobernar, y de la representación de la mayoría soberana ante la minoría gobernando. Concretamente en lo que toca a España hay obviamente un conflicto entre la legalidad jurídica y la legitimidad democrática ya que el Tribunal Constitucional deshechó el 28 de junio de 2010 el estatuto de Cataluña aprobado por el parlamento nacional español el 10 de mayo de 2006 (y entrado en vigencia el 9 de agosto).

Es cierto que la doctrina jurídica del Tribunal Constitucional español no es siempre irreprochablemente a prueba de una confrontación con los principios generales del derecho generalmente admitidos en los Estados del mismo nombre, como lo demuestra su nota informativa 85/2016 del 20 de octubre de 2016 anulando una ley catalana de 2010 (la 28/2010 ya citada) con motivo de incompatibilidad con dos leyes españolas todavía inexistentes en aquel entonces (las leyes 18/2013 y 10/2015), pero parece ser el recurso último del gobierno actual.

No obstante a nivel constitucional no hay ninguna duda, el artículo 2 de la constitución afirma efectivamente la indisoluble unidad de la nación española, patria común e indivisible de todos los Españoles. España es efectivamente un Estado unitario, no una federación como Alemania e Italia o una confederación como Suiza o Argentina. La consecuencia lógica se encuentra en el artículo 92 según el cual las decisiones políticas de especial trascendencia pueden (no deben) ser sometidas a referéndum consultivo (no vinculante) de todos los ciudadanos (no los una sola región), convocado por el rey. Eso queda confirmado por el artículo 149 que atribuye al Estado central la competencia exclusiva de autorizar un referéndum. En cuanto a modificar la constitución de acuerdo a los artículos 87 y 167 el parlamento de una región autónoma (o una iniciativa popular juntando medio millón de firmas) puede presentar en el parlamento español un proyecto en este sentido, que deba para ser adoptado lograr una mayoría de tres quintos en cada una de las cámaras, o de dos tercios de ambas cámaras juntas a condición de tener al menos la mayoría en el senado.

Obviamente los diputados de Cataluña, aun aliándose los de las demás comunidades antónomas, nunca obtendrán tal mayoría del cuerpo político español para abrogar el artículo afirmando la unidad indisoluble, común e indivisible de España, lo que de toda manera sería anulado por el Tribunal Constitucional con un motivo jurídicamente fundado o no, pero que, más allá de toda consideración jurídica, sería un golpe al Estado cuya constitución es meramente una expresión y al país cuyo Estado es meramente una institución de gobierno... se deja acá el campo del derecho para entrar en él de la filosofía política. De todo modo el aviso de inconstitucionalidad emitido el 3 de marzo de 2017 por el Consejo de Garantías Estatutarias de Cataluña (institución consultativa en materia constitucional) no alteró la determinación del ejecutivo catalán en cumplir con su compromiso parlamentario y el mandato recibido de los ciudadanos, según sus términos. En verdad muy pocos países y constituciones admiten la posibilidad de una secesión, y nadie, en España o afuera, tiene ilusiones sobre el resultado de la trampa de los diez o veinte años de procedura que el primer ministro español sugirió al gobierno catalán emprender.

A nivel político el gobierno podría probablemente si lo quisiera vencer el obstáculo constitucional, por ejemplo impidiendo que el Tribunal Constitucional dictara la inconstitucionalidad del referéndum, o recorriendo a la jurisprudencia establecida por el aviso consultivo 2010/25 de la Corte Internacional de Justicia el 22 de julio de 2010, o por fin adoptando a su nivel una actitud similar. Bastaría en el caso con distinguir estrictamente el acta inmediato de la intención última, notando que siendo sólo una consulta de resultado no vinculante el referéndum no implica decisión política de especial trascendencia y que auscultando sólo los sentimientos de los Catalanes no interesa a todos los Españoles, por lo que su convocación no sería contraria al artículo 92 de la constitución. Pero es cierto que acordar la celebración del referéndum significaría por una parte verlo repetirse cada cinco años hasta que la opción independentista se vuelva mayoritaria o marginal, y por otra parte verlo imitado en otras comunidades autónomas.

A nivel partidario el gobierno español empezó a poner a los partidos políticos de Cataluña en situación de tener que elegir explícitamente entre el referéndum y la legalidad. Para estos partidos políticos y sus jefes, especialmente los que no son incondicionales de la unidad española o que pertenecen a la coalición independentista, participar en la organización del referéndum significa entrar en la ilegalidad española, con algunos riesgos legales y políticos en caso de que no se acabe la secesión. Pero denegar su apoyo a la Generalidad para la organización del referéndum deseado por el 75 u 80 % del electorado catalán (independentistas como unionistas) los designaría inmediatamente como opuestos al ejercicio de la democracia directa, rompiendo su imagen aun en el caso de continuidad española, y en España como en otros lugares los partidos políticos ya pasaron su hora de gloria.

No hay más en Cataluña otro debate que la independencia, y el partido que intentaría evitar este cuestión hablando de economía, de mercado de empleo, de mundialización o, peor, de lucha de clases, acabaría rápidamente marginalizado por un electorado que quiere absolutamente que se trate dicha cuestión. Eso es precisamente lo que puede pasar a las ramas catalanas de los grandes partidos nacionales que se quedaron en una dialéctica derecha-izquierda, a saber el partido popular (derecha) que dice estar en contra de la celebración del referéndum porque es ilegal y el partido socialista (izquierda) que dice estar en contra de la celebración del referéndum si queda prohibido. Pero es también el riesgo que parece tomar la coalición de los "comunes" y de los "podemos" de la nueva izquierda al poder en Barcelona, verdadera fuerza política representando un cuarto del electorado de la provincia y logrando todavía a dos meses del referéndum, mediante hesitaciones y contradicciones, evitar desvelar sus intenciones o dar consejos de voto.

No obstante el gobierno español encontró un modo de actuación sobre los partidos, por intermedio de los sindicatos. Empezó el 5 de junio a avisar a los funcionarios en puesto en Cataluña, que pertenezcan a los cuerpos nacionales o a la función pública catalana fuerta de 200000 funcionarios, de las consecuencias legales y penales de una posible desobedeencia a la constitución o a las prohibiciones pronunciadas por la justicia española, y de la posibilidad estatutaria y legal de pedir una confirmación escrita de calquier orden que parezca ilegal. Esta información no es más que una respuesta al gran programa de información y debates iniciado por el gobierno catalán para asegurar a los funcionarios que no se les pedirá nada ilegal y suscitar la presentación por la base de las dudas y preguntas concretas por aclarecer. Algunos días más temprano el gobierno catalán había ilustrado eso, encargando del estudio de las respuestas al llamado de fornecidores de urnas no a los empleados de los servicios de mercados públicos como de costumbre, sino a unos cuadros elegidos o nombrados no funcionarios. En todo caso la hesitación entre el discurso de normalidad y el discurso de situación de excepción usados por el gobierno nacional permitió al sindicato principal de la policía nacional pedir una indemnidad por trabajo en ambiante hóstil par los policías basados en Cataluña[20].

A nivel de la comunicación, hasta fines de mayo el primer ministro español intentó evitar contestando a cualquier pregunta relativa a la indivisibilidad de España o a la independencia de Cataluña. Su única preocupación visible era el referéndum, y únicamente porque el gobierno catalán lo interrogó sobre el tema. Que un gobierno catalán haya sido constituído sobre un programa abiertamente independentista (hasta con un mandato y un calendario específico) por la mayoría independentista elegida en el parlamento catalán ne parecía molestar particularmente al gobierno español hasta ahora, o al menos que quería mostrarlo. En comparación, en Francia hoy, y aún antes de la proclamación del estado de emergencia, uno puede ser (o no ser según los casos) echado de cargos públicos por delito de expresión de opiniones o ser condenado a varios años de prisión firme por delito de insolencia a magistrato, como lo mostraron algunos casos recientes.

Al recibir finalmente un pedido de discusión sobre las condiciones de organización de un referéndum, presentado por escrito el 24 de mayo de 2017 por el presidente de la Generalidad en nombre del parlamento catalán que le había encargado de ello por una resolución

---

[20] La policía catalana, los *mossos d'esquadra*, asegura la policía urbana, la policía antidisturbios y varios servicios de rescate, pero la policía nacional está presente en los puertos y aeropuertos y trata los casos de criminalidad organizada y de tráfico de drogas.

del 18 de mayo[21], el primer ministro español contestó el 25 que la constitución española no lo permite y que los que lo quieren deben entonces pedir en el parlamento español, por intermediario de miembros de éste por supuesto, la apertura de un proceso de modificación de la constitución española de 1978. Era, de no equivocarse, la primera vez que expresaba una posición, que fue interpretada por la Generalidad como una denegación de discusión, y reportada a la Comisión Europea para la Democracia por el Derecho (conocida como Comisión de Venecia) del Consejo de Europa.

Acaso para no dramatizar (lo que se parece a una negación del drama ya presente), y en contrasto neto con algunos miembros del gobierno como por ejemplo los ministros de Defensa y de Economía, el primer ministro parece dejarlo a la justicia para disuadir la comisión de actos reprensibles, y ponerse en situación de pretender la sorpresa cuando los actos serán cometidos, en agosto y septiembre.

Uno se acuerda que en 2014 el gobierno no había actuado, dejando actuar el poder judicial español, obviamente no muy independiente del ejecutivo (como ya lo notó el Consejo de Europa). En 2014 fue la justicia española quién primero dictó la inconstitucionalidad de la celebración de un referéndum, y luego condenó algunos políticos catalanes por desobedencia, en el caso haber facilitado la consulta popular llevada por las organizaciones independentistas luego de que el gobierno

---

[21] Inicialmente el gobierno catalán había previsto presentar también la resolución de su parlamento ante el senado español, cámara de representación territorial del parlamento, pero la secretaría del senado se lo prohibió.

catalán decidera que no sería un referéndum oficial. No obstante, no properaron los juicios del Estado por malversación, ya que los gastos para la organización de la consulta habían sido pagados previamente a la prohibición por el Tribunal Constitucional (el 4 de noviembre). La ausencia de delito de malversación no desanima el Tribunal de Cuentas para abrir, el 19 de julio de 2017, un desesperado pero hostigatorio juicio en reembolso de fondos, para más de cinco millones de euros, en contra del ex presidente y de tres ministros. Y el 12 de julio de 2017, el gobierno español acaba de anunciar que en adelante las autoridades y los funcionarios del Tesoro catalán tendrán que certificar cada semana que la contabilidad no contiene ningún gasto relacionado con el referéndum, caso contrario el ministerío de Economía español interrumpirá inmediatamente las transferencias desde el fondo de liquidez autonómico... lo que ocasionaría seguramente unos atrasos de cobro para los fornecidores de la Generalidad, pero empujaría también seguramente la misma a restablecer lo antes posible su soberanía fiscal.

En cuanto al juicio por desobedencia, los actas de los juicios del Tribunal superior de justicia de Cataluña dicen que el fiscal había requerido diez años de ineligibilidad y que es el juez quién no siguió (con intención de apacigüamiento y de buena prensa internacional), no obstante es difícil saber si el veredicto no fue decidido al más alto nivel. En cualquier caso, aparte las multas por desobedencia, los organizadores del referéndum fueron sencillamente condenados a dos años de ineligibilidad. Eso significa que se quiso quitar cualquier importancia a un caso que, en otros países europeos, hubiera sido cualificado de atento a la indivisibilidad del Estado, de llamado a la sedición o de alta traición. Los veredictos pronunciando estas condenas por la organización de la consulta del 9 de noviembre de 2014 fueron dictados el 13 de marzo de 2017, o sea dos años y cuatro meses luego de los hechos reprochados (y en el momento en que los sucesores de los interesados están abiertamente yendo aun más lejos).

Al menos no se podrá reprochar a la justicia española de ser expeditiva, si a comienzos de 2020 (en el momento en que España intentará mejorar sus relaciones diplomáticas y financieras con Cataluña) condena a la ineligibilidad sobre el territorio español los autores de la declaración de independencia de Cataluña proclamada en septiembre u octubre de 2017.

Más allás del alibi constitución, de la respuesta judiciairia y de la pretendida ceguera del primer ministro Mariano Rajoy que parece querer finjir la sorpresa en septiembre, el silencio más ensordecedor es él del "*jefe del Estado, símbolo de su unidad y permanencia,* [quién] *arbitra y modera el funcionamiento regular de las instituciones*" (artículo 56 de la constitución), o sea el rey Felipe VI.

# Francia obligada

Se dice que uno de los últimos consejos pasados oralmente por el presidente saliendo François Hollande al presidente entrando Emmanuel Macron era de nunca considerar Cataluña como otra cosa que una región, para no despertar el Rossellón.

Pero esta posición será rápidamente insostenible. El presidente de la República francesa sí-mismo es co-presidente del principado de Andorra, el cual al momento que Cataluña tomará el control de sus fronteras dejará de ser fronteriza de España. Para Francia, une de los primeros rompecabezas administrativos no se presentará sobre los principales 200 kilómetros que harán de la frontera franco-catalana, por su extensión, la sexta frontera terrestre francesa de nueve en Europe (detrás de la con Españana y antes de la con Luxenburgo) y la séptima de doce en total.

Una de las primeras complicaciones se presentará a propósito del enclave catalán de Llívia en Francia, cuyos habitantes toman regularmente la ruta "neutra" trás el territorio francés. Efectivamente España insistirá sobre el hecho de que Cataluña luego de la secesión no formará parte inmediatamente del Espacio Schengen (por lo que toca a las personas) ni de la Unión Europea (por lo que toca a las mercancías). Aun si la prefectura de los Pirineos-Orientales omite atraer la atención del Estado sobre la necesidad de restablecer puestos fronterizos a pesar de la concurrencia de los productos catalanes denunciados por los agricultores roselloneses, al primer vencimiento de la cédula de identidad española de un Catalán habrá que aceptar la cédula de identidad o el pasaporte emitido por

Cataluña, si no se quiere encerrar los habitantes del enclave en un ghetto hermético de 13 km².

Pero para la coordinación aérea con el sexto aeropuerto europeo en términos de tránsito, indispensable para evitar un accidente, es el mismo día del corte de las comunicaciones (y del vínculo de subordinación) con las autoridades aéreas madrileñas que los coordenadores franceses preavisados tendrán que empezar la cooperación con sus pares catalanes que ya están, como todos los funcionarios, preparando las modalides de la sucesión para una noche de la cual todavía se ignora la fecha pero que, de acuerdo a la ley de transición, podrá llegar sin aviso previo[22]. Estas profesiones no soportan la improvisación, los jefes políticos no tienen el derecho de someterles a una pretendida sorpresa con consecuencias potencialmente dramáticas. La guía telefónica de Barcelona será muy solicitada en septiembre si no salta por sobrecarga de pedidos. Eso es meramente un ejemplo trivial para recordarse que no se tratará de la autoproclamación sin consecuencias de un ex-departamento soviético a miles de kilómetros del territorio francés.

El evento que se está acercando es sin precedente en un pasado reciente, pero por suerte es anticipable. Francia está a punto de tener un nuevo vecino, fronterizo terrestre además. Que lo quiera o no, tendrá inmediatamente relaciones, buenas o malas, preparadas o improvisadas, con este nuevo Estado. Aun precisará, como lo había hecho para la Ucrania luego de la disolución de la URSS,

---

[22] No será tan fácil para la OTAN imponer la presencia de oficiales de enlace catalanes en el Centro de operaciones aéreas que controla desde Torrejón (Madrid) el espacio aéreo sur-europeo.

capacitar rápidemente a diplomáticos, oficiales, encargados de negocios y redactores de inteligencia al décimosexto idioma más hablado en la Unión europa de veintiocho, y por la misma razón que lo había hecho para la Ucrania en donde todo el mundo hablaba ruso, por consideración diplomática. Para Cataluña la apuesta es oncluso primordial ya que aparate Andorra insignificante y España enemiga el único vecino inmediato será Francia, por lo que la comunicación internacional de la Generalidad no esconde que su esfuerzo diplomático principal será en dirección de Francia, paralelamente por supuesto con la instituciones europeas. Eso significa que los servicios protocolares franceses necesitarán haber ya recibido las instrucciones para el día ineludible en que recibirán una llamada de Barcelona pidiendo un fecha para la primera visita oficial del presidente de Cataluña al extrajero. Porque Francia no podrá ofensar al primer contacto a un partenario inevitable, ya que impuesto al menos por la geografía, aun si logra diferir la oficialización de relaciones interestatales. Eso requerirá decisiones políticas al más alto nivel y acciones ministeriales que tendrán que haber sido preparadas, y en primer lugar para la colecta y la explotación de la inteligencia estratégica.

A pesar de la dispersión y del agotamiento de sus medios militares sobre teatros lejanos en donde quiere afirmar su interés desdinerado para los asuntos del mundo, Francia necesita haber preparado las modalidades operativas y tácticas de un despliegue militar de interposición. Ojalá no llegue a ser necesario, pero si la situación lo exige será en urgencia, contra la voluntad de España, y en preliminaria a la posible apertura de largas y laboriosas discusiones en Bruselas y Nueva York sobre el establecimiento de un dispositivo multinacional duradero.

No se tratará de imposición de la paz entre dos combatientes, lo que necesitaría su acuerdo o una fuerza muy superior, pero de interposición humanitaria preventiva, que quedará pacífica porque el ejército español podría intentar de adelantarse por velocidad a las fuerzas francesas pero no las atacará una vez desplegadas. Lo que se dejó hacer en abril de 2014 en la ex-Ucrania, volcado irreversible después de Kramatorsk, no debe ser permitido a algunas decenas de kilómetros de la frontera francesa. Francia no puede dejar cometer un Slaviansk en Tarragona o un Guernica en Lérida. No importa lo que pasa en Barcelona y Sant Climent Sescebes en el corazón y la profundidad de Cataluña, pero al menorísimo movimiento de las unidades españolas en dirección de los límites territoriales de Cataluña habrá inmediatamente, a título conservatorio, que securizar la Senia frente al sur y la Noguera Ribagorçana frente al oeste, lo que implica la proyección aeroportada de un batallón (o grupo táctico) mixto anticarros e ingenieros en un caso, y de un regimiento de infantería reforzado en el otro.

A nivel diplomático cabe hacer decidido de antemano el momento y las condiciones del reconocimiento de la independencia de Cataluña, sin repetir los errores del pasado que, teniendo en cuenta la proximidad, se convertirían rápidamente en culpas. El momento parece fácil determinar: lo antes posible, pero no en primero, en consideración a España que, aun fallida, seguirá como vecino. Acaso se peuden dejar pasar los reconocimientos insignificantes, impulsiva de parte de Venezuela y desesperada de parte de Abkazia, pero Francia tendrá que actuar dentro de los mismos primeros, y en todo caso primera dentro de la Unión Europea, entonces en seguida luego de que cualquier país asentado y serio, en donde sea, lo haga. Las condiciones son otro tema: se tendrá que ponerlas por el principio, pero de toda manera no se podrá evitar de reconocer la independencia; por suerte el gobierno catalán tiene la intención de respetar esas condiciones, antes mismo de que se las fueran puestas. Yace en la emancipación de este vecino (evento raro a escala histórica) una oportunidad inmensa para Francia, no sólo por supuesto de fundar una amistad, pero también y sobretodo de restaurar con brillo su diplomacia, como una pequeña retrospectiva lo pone en evidencia.

Desde el principio de 1991 Allemania manifiestó, con urgencia e insistencia, su deseo de reconocer la independencia de Croacia, y por lo tanto también de Eslovenia. El tema fue objeto de serias discusiones bilaterales (entre Francia y Alemania y entre Francia y la URSS) y de no menos serios estudios diplomáticos entre los doce miembros de la Comunidad Económica Europea, hasta en los consejos europeos de jefes de Estado y de gobierno, y en los consejos de ministros de Asuntos Extranjeros. Todas las reuniones, notablemente entre los Doce, se terminaban con un acuerdo unánime en cuanto a la prudencia por respetar y las condiciones por imponer a las dos provincias secesionistas, y era seguidas con una llamada privada del canciller alemán al presidente francés explicando que a pesar del acuerdo obtenido entre doce, Alemania iba a tener que etc. El alibi era de política interior con pretexto de irresponsabilidad internacional, pero se vió rápidamente luego las intenciones muy pensadas de Alemania (y sus consecuencias) y, más allá de la reconstitución del mapa de Europa del comienzo de los años cuarenta, la aserción de una diplomacia dominadora y remodeladora, como lo mostró la anulación unilateral del acuerdo de conservación de la paridad de los cuatro grandes dentro de las instituciones comunitarias por precio del acuerdo a la reunificación y a la plena soberanía.

Empujadas por Alemania y el Vaticán, Eslovenia y Crocia declararon su independencia el 25 de junio de 1991, y el Consejo europeo del 29 acordó unánimemente sobre la necesidad de obtener primero una garantías para las minorías, la intangibilidad de las fronteras y el respeto de los tratados, y luego de pronunciar juntos un reconocimiento preparado. La cumbre de Maastricht del 9 al 11 de diciembre confirmó este acuerdo de los Doce, y se decidió que el reconocimiento coordinado y simultáneo de la independencia de Eslovenia y Croacia sería el primer acta mayor y fundador de la Política Extranjera y de Seguridad Común, pilar del tratado instituyendo la Unión Europea (y también la Unión Económica y Monetaria) negociado en Maastricht. Pero Alemania reconoció los dos nuevos países unilateralmente el 23 de diciembre, sin otra forma de excusa que una llamada telefónica del canciller Helmut Kohl al presidente François Mitterrand pocos días antes, obligando así los once otros miembros a pronunciar su reconocimiento de manera precipitada el 18 de enero de 1992, abortando la Política Extranjera y de Seguridad Común apenas concebida pero renunciando sobretodo a sus líneas directrices del reconocimiento de nuevos Estados en Europa oriental y en Unión Soviética.

Puesta en anexo, una declaración común del 16 de diciembre de 1991 anunciaba que los Estados miembros de la Comunidad Económica Europea, comprometidos por el principio de autodeterminación, querían reconocer los nuevos Estados democráticos y pacíficos que respetarían los derechos humanos, los derechos de las minorías, la inviolabilidad de los límites territoriales, los tratados de desarme y el arreglo negociado de las sucesiones estatales (por lo esencial), y añadía que el compromiso en favor de estos principios abría la vía al reconocimiento y al establecimiento de relaciones diplomáticas.

Evidentemente el gobierno catalán, que anunció sus intenciones de conservar el acervo comunitarioa y que se presentará como Estado co-sucesor de España, retomará a s nivel todas la obligaciones que ésta había suscritas, como la Convención Europea de los Derechos Humanos. Los programas que muestra, por ejemplo en materia de derechos de los Españoles en Cataluña, son claros e irreprochables, y de todo modo se trata de un actor civilizado que demuestra cada día su respeto de las convenciones en el sentido más amplio.

Al poner el compromiso a respetar esos principios como única condición previa a su reconocimiento de la soberanía de Cataluña (como debía ser el caso para los países del este) Francia tendría razones y argumentos para proceder, soberanamente, a este reconocimiento. Y sobretodo, resucitando este código del reconocimiento de nuevos Estados, cerraría esta desafortunada paréntesis de su aceptación de la ley del más fuerte a propósito de Kosovo y Metojia, restablecería su libertad de apreciación frente a las recientes y próximas secesiones, y retomaría magistralmente la iniciativa en materia diplomática, en el sentido pacificador y civilizador que caracterizaba antaño su voz en el mundo.

Francia no puede dejarse sorprender en septiembre como el resto del mundo. La cooperación interestatal con todos sus vecinos inmediatos es indispensable, y es el principio de realismo que debe dictar su diplomacia. Como un primer paso acaso, para el 14 de julio de 2017 el gobierno francés por primera vez invitó a Martí Anglada, representante de Cataluña en Francia, a asistir en funciones a la parada militar de la fiesta nacional francesa, conmemoración de la fiesta de la federación de 1790.

# La comunidad internacional dividida

El uso de este título, por comodidad, no prejuzga de la existencia de una verdadera comunidad internacional en el sentido de acuerdo de los Estados, ni siquiera sencillamente de aceptación de reglas comunes para regir sus relaciones e interacciones. No obstante se puede intentar adivinar, sin certidumbre por supuesto entonces sin hacerlo un criterio de decisión, la reacción de varios países, concernidos o no, a la declaración de independencia de Cataluña. Se tomará por hipótesis que esta declaración de independencia será, como en la casi-totalidad de los casos, unilateral.

Dentro (¿o en margen?) de la Unión Europea, la primera gran potencia por reconocer la independencia de Cataluña, aparte Francia ya estudiada, será probablemente el Reino Unido. Como visto anteriormente las pretensiones independentistas escoceses no spn bastante serias como para asustar a Gran-Bretaña, además en Irlanda del Norte la contestación se apagó con la bipolaridad del mundo, y si acaso reanudaba, un referéndum sería una buena manera para el gobierno inglés, que no podría permeterse otro conflicto, de retirarse mientras reforzando su image. Más allá de su enemistad tradicional con España, el Reino unido acogerá positivamente el reforzamiento de la vía referendaria para acabar con las cuestiones de posesión. Recientemente recorrió al referéndum (luego de una generación de propaganda y subvenciones) para justificar su posesión de las islas Malvinas, falsamente ya que el derecho internacional no admite la autodeterminación de una población instalada luego de la exterminación ou deportación de la población anterior, lo que la excluye en el caso de las Malvinas cuya población franco-argentina había sido deportada en diciembre de 1832, algunas semanas antes de la toma de posesión británica. Y recurriría seguramente de nuevo al referéndum, sobre la península ibérica precisamente, si la cuestión de Gibraltar, recientemente despertada por la expiración del contrato de locación de Hong-Kong, tomaba una dimensión internacional.

Al contrario Italia se negará, inicialmente, a reconocer la independencia de Cataluña, no por temor al nacimiento de un irredentismo catalán en Alghero sino en consideración de las veleidades secesionistas de los antiguos ducados y repúblicas del norte de la península italiana, de Genova hacia Venecia pasando por Lombardia y Piamonte. Sólo procederá al reconocimiento cuando forzada, en el marco de la Unión Europea.

Alemania, tradicional soporte activo de todos los secesionismos capaces de debilitar a otras potencias europeas, sorprenderá a algunos, por cambian repentinamente de posición. En efecto la invasión asíatica llamada por la cancillera Angela Merkel el 24 de agosto de 2015, que provocó la afluencia de un millón y medio de ilegales en cuatro meses esencialmente a través de Baviera, desestabilizó la misma en tal punto que se vió obligada a recuperar su soberanía para restablecer su frontera con Austria, lo que el Estado federal alemán evitó apenas por el engaño y por el despliegue de fuerzas en la noche del 12 al 13 de septiembre de 2015[23]. En algunas semanas la política federal logró promover el independentismo de la posición de una idea marginal a la de una corriente muy

---

[23] Esta operación fue revelada por Stratediplo en enero de 2016 ("*la huitième plaie*") pues luego confirmada por Robin Alexander en marzo de 2017 ("*Die Getriebenen : Merkel und die Flüchtlingspolitik*").

ampliamente mayoritaria en Baviera, por lo que Alemania se declarará, de repente, totalmente opuesta a la autodeterminación y a la autoproclamación de soberanía.

Los países europeos de segunda orden, y se pondra a Polonia en esta categoría a pesar de su tamaño, recibirán positivamente el reenfuerzo de la categoría de los pesos medianos en la Unión Europea. Entenderán más tarde que el gobierno catalán anuncia políticas totalmente en la ortodoxía de la Comisión euroa (que sea sinceramente o para facilitar su aceptación), notablemente en materia de rusofobia e islamofilia, pero al principio los países medianos de la Unión Europea estarán favorables al reconocimiento y luego a la admisión de Cataluña, con la excepción inicial posible (pero no duradera) de Portugal obligado a cuidar las relaciones con su único vecino inmediato, España.

Todavía en Europa pero fuera de la Unión Europea, Rusia levantó la llama de la legalidad internacional abandonada por Francia en los años noventa. No reconoció la independencia que pueblos otrora rusos proclamaron luego de haber sido víctimas de agresiones después del desmiembramiento de la URSS, ni siquiera cuando lograron establecer su autonomía *de facto* como en el caso de la pequeña Transnistria o de la minúscula Osetia del Sur. Esta última fue reconocida solamente después del intento de exterminación de su población en 2008, interrumpido por la intervención rusa que, victoriosa, tomó el cuidado de no ir hacia Tiflis afines de no desestabilizar al gobierno georgiano. En cuanto a los territorios de la ex-Ucrania, en contra de los cuales la junta salida del golpe de Estado de Kiev en 2014 cometió crímenes contra la humanidad masivos para expulsar ya

1,6 millones de habitantes en algunos meses (según un comunicado del Alto Comisariado de la ONU a los refugiados del 6 de febrero de 2015), Rusia no quiso reconocerlos. Estos territorios cotidianamente bombardeados, donde deben quedar cinco o seis millones de habitantes, fueron forzados a la autonomía ya que quedan herméticamente sitiados, construyeron instituciones, empezando obviamente por fuerzas armadas pero sin olvidar la educación y el resto, tienen instituciones estables y constituciones democráticas (la república de Donetsk como la de Lugansk), no obstante aun luego de sus referenda de autodeterminación Rusia no reconoció su soberanía. Entonces seguramente no reconocerá tampoco la soberanía de Cataluña hasta tanto ésta no será totalmente incontestable, o sea reconocida por España.

Fuera de Europa, China no reconocerá un territorio secesionista como Formosa, pero sin entrar en polémica ya que eso no toca Asia del sur-este. Si esta cuestión intra-europea era evocada en Consejo de Seguridad de la ONU, China se abstendrá como de costumbre.

Las impulsiones inmediatas de los varios centros de poder en Estados Unidos de América son más imprevisibles, pero se pueden poner algunas hipótesis. El poder político ejecutivo actual querrá probablemente oponerse a la indivisibilidad de un Estado soberano, al menos en Europa y siendo un aliado, mientras que el legislativo podría al contrario regocijarse de la partición de un país europeo. El poder militar será satisfecho de la aparición de un futuro miembro de laOTAN, que proclama en alta voz su rusofobia para ser admitido[24] y tendrá que

---

[24] Para el acceso a la quinta sesión del programa de maestría profesional en diplomacia y acción exterior, concebido para formar y

equipar rápidamente, a partir de nada, unas fuerzas armadas pequeñas pero de alta tecnología (el discurso queda constante desde 2015), lo que hará un aliado más para las operaciones de la OTAN y un cliente posible para el primer productor de armamento que lo tratará como tal. El poder financiero, por su parte, se regocijará para el dólar de una nueva debilidad del euro, provocada por la explosión instantánea de los cocientes de endeudamiento de España y luego mantenida por las agencias estadounidenses de denunciación de insolvabilidad. Siendo la conservación a cualquier precio de la ilusión dólar, única garantía de su *free lunch*, el único objetivo existencial por Estados Unidos, tendrían que ser dentro de los primeros a reconocer la independencia de Cataluña.

El resto del mundo seguirá con varias velocidades. Evidentemente después de un rato, cuando España, luego de haber constatado la irreversibilidad de la separación (dentro de tres meses o de diez años), entablará negociaciones bilaterales con Cataluña para dividir la deuda, el reconocimiento de ésta será más o menos universal, más de toda manera que la del Estado más poblado del mundo cuando tenía la misma edad.

---

perfeccionar a los diplomáticos catalanes y patrocinado por la Generalidad, se propone un caso práctico consistente en imaginarse como un consejero diplomático que acaba de aprender el 30 de agosto de 2017 que Rusia invadirá a Bielorusia dentro de los tres próximos días, y se pide redactar en inglés un informe presentando a la cancillera alemana las acciones que pueden ser llevadas a cabo para interrumpir esta agresión.

# Unión Europea esperando

El chantaje a la no-pertenencia a la Unión Europea parece ser el único argumento que encontrara el gobierno español para intentar de convencer a los Catalanes de deshacerse de los políticos que han elegido para llevarles a la independencia. Pero Cataluña no tiene ninguna intención de marcharse de la Unión Europea, y no se marchará. Y sería difícil encontrar cualquier mecanismo uniopeo que dejaría de funcionar con motivo de que España se habría quejado ante la Comisión Europea de que tal región dejó de revertirle el IVA, o instaura controles de personas y de mercancías peores que los instalados por el ejército de ocupación turco en medio de Chipre y que la Comisión nunca condenó. Así, por falta de posibilidad (y de intención) de excluir a una región de la Unión Europea por desobedencia a su Estado de pertenencia, Cataluña seguirá perteneciendo *de facto* y *de jure* a la Unión.

Dentro de los numerosos casos que no prevén los imperfectos tratados uniopeos, hay él de la partición de un Estado miembro en dos o más. En el estado actual de las cosas el gobierno español puede entonces esperar que eso impondría a Cataluña, pero no a España, presentar una candidatura como nuevo miembro. Para eso tendría primero que declarar (lo que significa reconocer) al Consejo europeo de jefes de Estado y de gobierno la secesión de Cataluña. Si la suposición de España es correcta, Cataluña (pero posiblemente España igual) dejaría *de jure* de ser parte de la Unión. No obstante, nada permite suponer que no continuaría *de facto* de ser parte de la misma hasta su inevitable admisión formal, pero se puede jugar el juego de estudiar el tema.

Por su parte la Unión Europea guarda cuidadosamente el silencio sobre la crisis de la unidad española. Aún el 6 de junio de 2017, el primer vice-presidente de la Comisión Europea Frans Timmermans, mientras entendiendo que el punto de no-retorno parecía bien pasado, pretextó que la atención de la Comisión estaga demasiado ocupada por el *Brexit* para ingerirse en los asuntos de los gobiernos español y catalán. Hay en Bruselas desde ya varios años una instrucción prohibiendo discutir de Cataluña[25]. Pero se puede también percibir cierto nerviosismo de la Commisión frente a las deformaciones manipuladoras de sus decisiones y respuestas por España, la cual más allá de una traducción española falaciosa de los documentos originales en inglés se permitió el 21 de septiembre de 2015 hasta añadir a un texto neutro un párafo entero condenando la hipotética declaración unilateral de independencia de Cataluña, lo que necesitó rectificaciones escritas formales de parte del mismo presidente Jean-Claude Juncker el 25 de noviembre y el 18 de diciembre de 2015. No obstante, la Comisión había podido reconocer a Kosovo y Metojia como posible candidato, de no equivocarse, el 18 de febrero de 2008, mismo día mañana de su secesión de Serbia.

Le Unión Europea no exige que sus miembros adherien a la ONU. Las formalidades de adhesión de un nuevo miembro respetando los valores del artículo 2 del Tratado de la Unión Europea consisten en dos procesos paralelos, por una parte el estudio técnico de eligibilidad, conducido por la Comisión Europea, y por otra parte la

---

[25] Este tabú a propósito de las provincias de países miembros actuales es absoluto, y es más fácil obetenir una respuesta sobre los casos de Suiza, de Moldavia o incluso de Kosovo y Metojia.

negociación política, en el Consejo de jefes de Estado y de gobierno. Antes de la firma del tratado de adhesión el Parlamento Europeo debe también aceptarlo por mayoría, lo que se puede considerar como una sencilla formalidad sin dificultad.

El estudio de eligibilidad consiste en un audit exhaustivo en treinticinco áreas, apuntando a determinar si el candidato cumple con todos los criterios en todas estas áreas, y se termina por un informe que la Comisión presenta al Consejo, con su recomendación (y en su caso propuestas transitorias de adaptación). En este caso ningun comisario tiene la menor duda, Cataluña, en el marco de España, ha sido parte de la Unión Europea por más de treinta años, y si deja España por ejemplo el 31 de diciembre de 2017 cumplirá todavía con todos los criterios el 1er de enero de 2018, aunque los funcionarios uniopeos necesiten algunos meses para redactar sus informes de audit. En algunas áreas económicas habrá que separar el componiente catalán de las cifras españolas, una tarea a la cual están ya trabajando los economistas catalanes, así que algunos funcionarios de la Unión Europea... ya que si Cataluña tiene una oficina de representación en Bruselas y ya más diputados (bajo colores españoles) en el hemiciclo de Estrasburgo que los seis países más chicos de la Unión, tiene también funcionarios europos, por ahora bajo gorra española.

Cataluña cumple evidentemente con todos los criterios, incluso para la mayoría de ellos su resultado aislado es mejor que él de España. Y a nivel legal (códigos civil, comercial, laboral...), a menudo de lenta adopción por los candidatos que deben integrar a su corpus jurídico el famoso "acervo comunitario", Cataluña conservará inicialmente la panoplía española menos en materia impositiva. El informe que presentaría la Comisión para soportar su aviso favorable sería entonces sino mancha, sin ninguna necesidad de plazos de adaptación o de medidas de acompañamiento, y presentaría un caso aun más ideal y fácil que el caso de Austria en su tiempo. No obstante, como en cada oportunidad de ampliación se tuvo que adoptar nuevas reglas, la readmisión como Estado miembro pleno (soberano) de una entidad que ya estaba mimebro como constituyente de un Estado miembro, siendo un caso totalmente nuevo, trae muchas chances de ser drásticamente simplificada y acortada[26]. Los juristas uniopeos empiezan discretamente a estudiar el proceso de lo que llaman en adelante una "ampliación interna".

Por todo lo expuesto parece más verosímil que se adoptará una fórmula automática sin interrupción del carácter de miembro, al inverso de la adoptada para Alemania federal (un caso no obstante más complicado a nivel de la satisfacción de los criterios sin hablar de sus implicaciones políticas) el 3 de octubre de 1990. Así el 31 de diciembre del año N la gran España es miembro, y el 1er de enero Cataluña y la nueva España reducida son miembros. Esta fórmula presentará la ventaja de mantener el *statu quo* en materia de equilibrios financieros en conjunto dentro de la zona euro, mientras una salida aun temporaria de Cataluña resaltaría la agravación repentina de los números españoles (empezando por la deuda que saltaría al 125 % del PIB pero también el déficit presupuestario, el paro, el PIB por habitante...) sin contraparte, lo que proporcionaría además una

---

[26] Acaso habrá otros casos luego, más fáciles del punto de vista político pero más difíciles a nivel económico y a nivel del acervo legislativo comunitario, del lado de la isla de Gran Bretaña.

realpolitik

vulnerabilidad a un ataque de los poderos financieros soportes del dólar contra el euro.

De los contrario el otro proceso, él de la negociación política, necesita la unanimidad primero para acordar el estatudo oficial de candidato, y luego para pronunciar la admisión. Es ahí que, si se permitía que España declare unilateralmente la secesión de Cataluña sin reconsiderar por tanto la pertenencia a la Unión de esta nueva España auto-declarada restante (de formato reducido y de economía súbitamente enferma), ésta podría emitir un bloqueo, de la misma manera que Francia se había inicialmente opuesto a la admisión del Reino Unido, y a su vez que Italia se había opuesta a la admisión de Eslovenia el tiempo de anexarla *de facto* por el establecimiento de una economía de subcontratación casi cautiva, y luego que Eslovenia se opuso a la admisión de Croacia hasta tanto ésta capitule sobre su conflicto territiorial... estas oposiciones de un solo miembro, aun tan importante como Francia o Italia, no resistieron mucho tiempo a la insistencia de los demás miembros. Pero siendo la posición de España lejos de ser de las más potentes dentro de la Unión, puede anticipar un trueque según el cual o bien acepta que los dos Estados resultantes de la partición serán automática e inmediatamente admitidos, o bien tendrán ambos que pasar por un pedido de admisión. Y la posición de esta España restante sería, en prácticamente cada criterio económico, más incómoda y menos asegurada que la de Cataluña.

A nivel político, si intentaba declarar la secesión de Cataluña pretendiendo al mismo tiempo que la España-madre no cambió pero negándose a discutir los aspectos prácticos de la partición (reparto de la deuda notablemente), España podría ser objeto de una procedura disciplinaria según el artículo 7 del Tratado de la Unión Europea en caso de riesgo de violación grave de los valores comunes. Sobretodo, tomaría el riesgo de ver simplemente aplicado en su contra las conclusiones de la "commisión Badinter" de 1991, cuyo carácter jurisprudencial fue ampliamente establecido. Esta comisión, no satisfecha de haber constatado la secesión de Eslovenia y Croacia y recomendado su reconocimiento de acuerdo al principio *uti possidetis* (reconociendo los antiguos límites administrativos como fronteras internacionales), había también declarado Yugoslavia en disolución, en desintegración y en desmembramiento, declarando a las cuatros demás provincias yugoslavas que la Comunidad Europea consideraba en adelante la constitución yugoslava como caduca y trataría sólo con cada república individualmente[27].

De no haber unanimidad de los otros miembros para readmitir inmediatamente los dos Estados resultantes de la scisión de España, la Comisión podría, a título de transición, concluir un acuerdo de cooperación o de asociación, como lo hizo por ejemplo con Andorra, Mónaco, San Marino y al Vaticán, lo que es de su competencia sin necesidad de pasar por el Consejo. Algunos de estos acuerdos con países no miembros permiten incluso de acuñar monedas en euro.

Porque lo que la propaganda española intenta esconder a los Catalanes es que varios países no miembros de la eurozona no tienen moneda nacional y usan

---

[27] No es seguro que esta noticia sería mal acogida en el País Vasco... pero también en Marruecos, que ofrecería en seguida su protección a Ceuta y Melilla.

oficialmente el euro, que nada forzaría los bancos catalanes a convertir los haberes de los Catalanes en otra moneda o en renviar sus euros al Banco central europeo (como lo saben los Suizos, los Uruguayos y otros que tienen cuentas en euros en sus países), que de toda manera Cataluña, al contrario de España, cumple altamente con todos los criterios de estabilidad de la eurozona, pero que si en lugar de deposar lá su joven soberanía encontraba un modo de quedarse con un banco central independiente[28] ella podría, paralelamente a su uso del euro, crear una moneda electrónica, como varios otros países lo consideran, cuyo valor despegaría muy rápidamente por encima de su valor aritmético de introducción teniendo en cuenta las fundaciones y las perspectivas económicas del país.

Pero si la Unión Europea decidía dejar salir a Cataluña tendría entonces que darle rápidamente garantías serias, para evitar que ésta dé cara hacia la Asociación Europea de Libre Comercio, más flexible y menos dictatorial, a la cual sguramente retornará por su parte el Reino Unido apenas salido de la Unión. Mientras ésta hace todo, luego de haber paso a paso convencido (aparte al Reino Unido) a Dinamarca, Noruega, Portugal, Austria, Suecia y Finlandia, para reducir la resistencia del enclave suizo (y de paso del Liechtenstein satélite) y alentar el deseo de Serbia, la defección del Reino Unido es lejos de ser sólo anecdótica. La irritación está aumentando frente a la intromisión de la Comisión en todos los rubros,

---

[28] En realidad según el tratado de Maastricht la entrada en la moneda única es obligatorio por todo miembro de la Unión en tanto cumple con las condiciones (con excepción del Reino Unido que había exigido una derogación formal para firmar), y el retiro es prohibido menos en caso de salida de la Unión.

no más sólo la política agricol que hoy favorece a Rumania y Bulgaria a expensas de los productores occidentales (Como Cataluña) sino sobretodo las políticas no económicas como la instalación forzada de inmigrantes ilegales, la inculcación escolar de las prácticas sexuales no-reproductivas que la naturaleza desaprueba, y la declaración de guerra a Rusia (entre otros).

Con el tiempo otros países, abiertos al libre intercambio o incluso a la harmonización reglamentarias pero cuya población se siente cada vez más violentada por esta intervención creciente de la Unión Europea, tendrán la tentación de seguir el ejemplo del Reino Unido, en particular Austría, Hongría, Chequia y Eslovaquia. Los más grandes de estos países menos el Reino Unido son del mismo rango de tamaño que Cataluña, la cual por su peso económico ocuparía seguramente el tercer lugar en el grupo, justo detrás de Suiza. Y la AELC, más allá de sus acuerdos de libre comercio ya vigentes con países más lejanos, está sobretodo negociando con Rusia, que dispone de la economía europea la más dinámica y dentro de las más abiertas y de un mercado potencialmente equivalente al de Alemania y Francia (o de Alemania e Italia) juntas. La entrada de Rusia en el mercado común de la AELC cambiará obviamente el panorama europeo y sacará lo poco de atractividad que queda en la Unión Europea, la cual tendría entonces que recuperar a Cataluña rápidamente si la dejaba salir.

Por lo que le toca y a un nivel muy concreto el gobierno español podría someterse por inadvertencia a muy fueertes presiones, tanto de parte los demás países miembros que de la Comisión, e incluso de alguos poderes españoles. En efecto si Cataluña necesitaba absolutamente su reconocimiento por España, le bastaría tan sólo con establecer un control aduanero en su frontera occidental, tomando por pretexto precisamente el hecho de que España pretende que Cataluña no pertenece más a la Unión. No es preciso una alta pericia en logística o el conocimiento cuantitativo del tránsito cotidiano de camions en el eje E15-A9 (Le Perthus) o de las capacidades del eje alternativo AP8-A63 (Irun) para adivinar que Portugal reconocería inmediatamente la soberanía de Cataluña, que España quedaría paralizada por una gigantesca huelga de sus transportadores viales, y que los gremios del transporte en Francia, en Italia y en Alemania exigirían una resolución rápida de la crisis española.

Cataluña, por su parte, en tanto Francia sigue reconociendo su pertenencia a España y por ende a la Unión, y que sus camioneros pueden presentar un pasaporte español y por ende del Espacio Schengen, no padecería de ningún modo de su paro por celo excesivo en su fachada occidental. Le costaría apenas cinco puestos aduaneros, el oeste sobre la A2, la AP2 y la A22 y al sur sobre la E15 y la N340. Pero la mejor ventaja de la cual dispone Cataluña para sus negociaciones con España es evidentemente por una parte la deuda de 50 mil millones de euros que contrató (sobretodo desde 2010...) ante el "fondo de liquidez autonómico" que presta a las regiones, y por otra parte la porción de la deuda soberana de España que se dice dispuesta a tomar a su cargo (aunque le haya beneficiado menos que su parte estadística) y sobre la cual pidió la apertura de negociaciones. Son ventajas serias ya que sin acuerdo con Cataluña, España se quedaría inmediatemente insolvente según sus ratios.

Al fin y al cabo España tiene interés en continuar de pretender que Cataluña queda todavía *de jure* bajo su soberanía, manteniendo así las dos entidades bajo una sola gorra en la Unión Europea, afines de darse el tiempo de negociar una división con Cataluña, y luego presentar conjuntamente un contrato de divorcio exhaustivo preparando una transmisión sin discontinuidad de pertenencia a la Unión. De toda manera, cualquiera sea la forma institucional que será retenida para resolver la cuestión de la unidad española cuando España la plantee, la inteligencia de origen humano disponible en Brusela permite considerar como información probable de fuente fiable, fuera del micrófono y fuera de la presencia de testigos españoles obviamente, que la Comisión Europea no tiene ninguna intención de dejar a Cataluña marcharse.

# Europa acogedora

Como lo escribía François-Marie Arouet, conocido como Voltaire, en 1751 *"Cataluña, por fin, puede olvidarse del universo entero, y sus vecinos no pueden arreglárselas sin ella"*. No obstante, en línea con la afirmación de su estatura internacional Cataluña ha previsto de adherir a varias organizaciones.

Obviamente, como todos los países europeos (aun no miembros de la ONU) tiene vocación a adherir al Consejo de Europa, lo que implica un pedido de invitación. En esta altura sólo un país no lo obtuvo. La experiencia muestra que en caso de secesión unilateral se puede contar un plazo de un año a partir del primer pedido, pero que en caso de secesión negociada puede ser mucho más rápido, como en el caso de Montenegro que celebró su referéndum de autodeterminación el 21 de mayo de 2006, declaró su independencia el 6, obtuvo el aviso favorable y luego fue admitido en el Consejo de Europa el 21, o sea exactamente un mes después del referéndum.

El Consejo de Europa podría según sus textos admitir un nuevo miembro sobre acuerdo de los dos tercios de los ministros de Asuntos Extranjeros, toma en realidad la mayoría de sus decisiones por unanimidad, puede admitir como miembro pleno (no asociado u observador) un país que no es un Estado soberano, como fue el caso para el protectorado de la Sarre, y no es particularmente maníaco en cuanto a la aplicación de los principios que dicta y cuya defensa es su razón de ser, ya que admitió a Croacia el año siguiente de que terminara expulsar a uno de sus pueblos constitutivos, o sea medio millón de personas, en el tiempo el mayor desplazamiento forzado de poblaciones desde la segunda guerra mundial. Seguramente no tendría ninguna dificultad para acoger a Cataluña, primero en su caso como "partenario" como Palestina, si Cataluña gozara de una soberanía limitada, por ejemplo en caso de supervisión por un regimen internacional luego de una guerra.

Con poco esfuerzo se podría percibir señales de irritación hacia España, en el Consejo de Europa, no por los casos habituales de denuncia de torturas carcerales no investigados por la justicia española, sino por la denegación obstinada a poner la legislación nacional en conformidad con las exigencias del Convenio para la Protección de los Derechos Humanos y de las Libertades Fundamentales. La sentencia del Tribunal Europeo de Derechos Humanos dictada el 13 de junio de 2017 en el asunto Atutxa y otors (demanda 41427/14) hizo escándalo porque se trataba justamente de un juicio por desobedencia, en el momento en que 400 juicios políticos están en proceso contra Catalanes. Mientras tanto la popularidad de este caso oculta decenas de ausnots similares a propósito de ciudadanos sencillos, en los cuales España queda repetitivamente condenado por el Tribunal Europeo de Derechos Humanos por violación del artículo de dicho convenio (violación del derecho a un juicio equitativo), y siempre por el mismo motivo[29]. Si el Tribunal supremo español se obstina en no oir personalmente a los justiciables en audiencia pública, motivo aun de ocho de las condenas pronunciadas contra España en 2016, es porque el ejecutivo español no tiene

---

[29] Varias de estas condenas de España por violación del derecho a un juicio equitativo se convirtieron ahora en asuntos escolares citados en jurisprudencia en casos más recientes contra el Reino Unido o Rumania.

ninguna intención de hacer modificar por el legislativo el
código de procedura. No se trata de faltas circunstanciales
del Tribunal supremo, sino de una denegación persistente
del Estado español a conformar su legislación al texto
mayor del Consejo de Europa. Pero la violación del artículo
3 del estatuto del Consejo de Europa puede llevar a las
sanciones previstas por el artículo 8 (suspensión o incluso
radiación).

Dentro de la numerosas agencias de cooperación
técnica, una de las primeras a las cuales participará
Cataluña es Europol (adhsión inminente, antes de
Interpol), teniendo en cuenta el carácter de trásito que
geografía impone al país. Pero la que podrá establir lá su
sede es la Agencia Europea del Medicamento, quien se
declara obligada de marcharse de Londres en razón de la
salida del Reino Unido de la Unión Europea (y quien tiene
la intención de facturar sus gastos de relocalización). Está
estudiando varias posibilidades para su nueva sede,
incluso Barcelona porque la industría catalana del
medicamento es una de las más activas en Europa. La
decisión se tomará antes del final del año, y según una
comunicación de la Comisión europa el 5 de julio, el
referéndum de independencia no forma parte de los
criterios de decisión de la futura sede, determinados en
junio. Considerando los motivos de esta mudanza, Compte
tenu des raisons de ce transfert, una elección de Barcelona,
ya segunda favorita detrás de Londres en 1992, mostraría
que la Unión no teme perder a Cataluña en caso de
independencia.

Más allá de Europa, el parlamento de Cataluña es
miembro observador de la Asamblea parlamentaria de la
francofonía, delante la cual la presidente del parlamento

catalán Carme Forcadell ha presentado la situación de la provincia durante la sesión del 9 al 11 de julio de 2017. Cataluña tiene por otra parte la intención de adherir a la Organización internacional de la francofonía.

Como se notaba anteriormente Cataluña expresó su deseo de firmar el Tratado de la Alianza Atlántica y de entrar en la Organización del Tratado del Atlántico Norte, como el presidente precedente Artur Mas lo había ya anunciado al Financial Times el 9 de septiembre de 2015 . Veía entonces necesario de crear estructuras de soberanía, en particular un ministerio de Economía, una diplomacia, un banco central y un ejército. Mientras reconociendo que este último tema era lo más delicado (parece que no había habido debate parlamentario son los partidos de izquierda), insistía en lo que este ejército tenía que ser paqueño pero integrado a la OTAN. Esta visión, repetida varias veces desde entonces, queda vigente en su partido el PDECat (partido demócrata europeo de Cataluña, de centro-derecha), que debatió nuevamente este tema en marzo de 2017. La percepción es evidentemente que la posesión de un ejército es un atributo de soberanía y por eso una marca de independencia, aunque este partido, por el contrario, no considere ni un segundo acuñar moneda. La coordinadora general del partido, Marta Pascal, decía hace poco que no se trataba de intentar alistar gruesos batallones sino de encontrar un nicho de alta tecnología, por ejemplo la ciberguerra, en la cual Cataluña pueda ser pionera, y donde el sector industrial privado tendría también un gran papel por jugar.

El PDECat quiere no obstante un ejército capaz de defender al país de asegurar su seguridad, entonces no meramente una vitrina tecnológica, pero piensa también que la participación en la OTAN dará a Cataluña una voz en los asuntos del mundo "dentro de los actores principales". Su aliado parlamentario la CUP es, por su parte, desde siempre opuesto a la idea de una participación de Cataluña a la OTAN, que percibe a la vez como una vasalización y como el riesgo de ser llevado a participar en agresiones ilegítimas. En mayo de 2017 otro partido de izquierda, Catalunya Sí que es Pot, interpeló al ministro de Asuntos Exteriores Raül Romeva a propósito de los rumores mencionando discusiones del gobierno catalán con la OTAN (así que con la OSCE), y éste contestó por escrito el 20 de mayo que ningúna contacto había sido establecido con estas dos organizaciones para discutir de sus relaciones con Cataluña. Como notado más arriba, los miembros de la Alianza Atlántica sólo podrán ser favorables a la integración de un aliado más (que no quitará ningún medio militar a España), indefectiblemente anclado en Europa occidental y que lanzará inmediatamente unos pedidos de oferta para ingeniería, formación y equipo militar.

Entre paréntesis se nota ahí una confusión cada vez más frecuente en Europa, espacialmente en los pequeños países, entre la naturaleza del aparato militar de la Alianza atlántica, una coalición militar que desde 1999 ha claramente demostrado su carácter ofensivo (contrario a l Carta de las Naciones Unidas), y la naturaleza de la perenización de la Conferencia sobre la seguridad y la cooperación en Europa, la cual para apaciguar las tensiones juntaba desde las negociaciones de Helsinki los miembros de la Alianza Atlántica, del Pacto de Varsovia, los países neutros y no alineados y finalmente todos los países de Europa, pero cuya compromisión desbalanceada y parcial desde 2014 en la ex-Ucrania ha netamente deteriorado la imagen pacificadora. La OSCE se comporta como una organización internacional de vocación regional, pero no tiene personería jurídica ya que nunca se dotó de estatutos... lo que significa que no hay Estados miembros sino únicamente participantes, y , de no equivocarse, tampoco reglas escritas para la participación.

Por otra parte, se presenta hoy en Cataluña una situación similar a la de España luego del restablecimiento del reino, cuando el partido socialista en poder quería sacar al país del aislamiento y de la neutralidad que le había impuesto el dictador Franco y quería satisfacer simultáneamente a sus opositores de derecha que quería la Alianza Atlántica (percibida como una garantía contra una revolución comunista similar a la de Portugal algunos años más temprano) pero no el Mercado Común (percibido como un peligro para la economía nacional y como una apertura a la perversión mercantilista de las mores), y sus aliados que querían exactamente lo contrario, por sus percepciones equivalentes. El gobierno español insistió entonces sobre el hecho que no habría el uno sin el otro, incluso dejando suponer que sus partenarios oeste-europeos lo entendían así (lo que era falso), el gobierno francés no tomó la oportunidad de revivificar a la UEO, y españa entró simultáneamente en la CEE y en la OTAN. Eso no le evitó los tres golpes de Estado de febrero de 1981[30], ni tampoco, mucho más grave, el aflojamiento

---

[30] Al golpe de Estado del teniente-coronel Antonio Tejero sucedaron los dos golpes de Estado del rey Juan Carlos, él por cual disolvió la constitución y revocó a los diputados para que los rehenes no sean más que simples ciudadanos sin poder legislativo, y luego él por cual restauró unilateralmente la constitución y nombró como diputados sin elección a los revocados el día anterior, dos ultrapasos flagrantes de sus poderes, confimando para los politólogos que un reino

rápido de sus mores en reacción a la opresión bajo la dictadura.

La mayoría de las agencias del sistema ONU aceptan adhesión sólo de miembros de la ONU, entonces pasados por el acuerdo de nueve miembros del Consejo de Seguridad incluso los cinco permanentes, y el acuerdo de los dos tercios de los miembros de la Asemblea general. Pero el Fondo monetario internacional y el Banco mundial no exigen de sus miembros el reconocimiento ni por la ONU ni por un número mínimo de miembros, e incluso admitieron, el mismo año siguiente de su declaración de independencia, la "república de Kosovo" que no es un Estado reconocido por la ONU.

Por lo que toca al Espacio Schengen, hasta tanto Cataluña es reivindicada por España y los demás miembros del Espacio Schengen reconocen la reivindicación española, Cataluña pertenece bien a dicho espacio de libre circulación. Si Cataluña esra reconocida indenpendiente antes de ser admitida en la Unión Europea, podría entonces adoptar un régimen de control, como Andorra, pero en seguida cuando sea admitida en la Unión entrará por obligación en el Espacio Schengen, ya que le Tratado de Amsterdan incorporó el acuerdo y el convenio de Schengen al derecho comunitario (y por consecuencia al acervo comunitario). En cualquier de los casos eso no cambiará nada para los Catalanes ya que Cataluña no les hará abandonar la nacionalidad española. En efecto en las fronteras exteriores del Espacio Schengen no se controla el lugar de residencia sino el pasaporte, así cuales que sean su nacionalidad y su país de residencia, el

constitucional es una aberración que quita al régimen su ventaja de un rey por encima de la constitución e independiente de cualquier poder.

portador de un pasaporte otorgado por España (aun a un Español residiendo en Diakarta o en Tiraspol) puede entrar en el Espacio Schengen mediante simple presentación de este pasaporte, y circular libremente.

El principio de realismo que rige las relaciones internacionales invita a interrogarse sobre las consecuencias posibles de una falta de admisión rápida de Cataluña por las organizaciones internacionales. Cataluña no tendrían en este caso que buscar muy lejos para encontrar un escaño caliente en la mayoría de las organizaciones. Le bastaría con proponer una confederación a Andorra, la cual ganaría así la respectabilidad económica y política que le hace falta, más perspectivas de desarrollo ofrecidas por la pertenencia a uno de los Estados más ricos y dinámicos de Europa. En cambio Andorra traería su escaño en todas las instituciones europeas (menos la Unión Europea) y mundiales, declarando la sucesión de Estado, del principado de Andorra a la federación catalano-andorrana. Pero para eso, ya que Andorra no aceptaría una simple anexión, Cataluña tendría que adoptar una constitución confederal o al mínimo federal, para al menos dos entidades, o posiblemente cinco contando las cuatro "provincias" administrativas de la Cataluña actual. Entonces los Baleares no hesitarían mucho entre una Cataluña vecina, catalanófona y federal y una España lejana, hispanohablante y unitaria. Eso plantearía rápidamente cuestiones insolubles a Valencia, pero lo que fue natural y bueno para Sebastopol no es fácil para Donetsk. Así este escenario, que la falencia de España hará pasar del dominio del imaginario al del posible, milita en favor de un rápido reconocimiento fijatorio (*uti possidetis*) de Cataluña.

# PROCESO

## Derecho a la independencia

Enunciado en segundo de los cuatro objetivos de la Naciones Unidas, el *"principio de la igualdad de derechos y [...] de la libre determinación de los pueblos"* está afirmado ya en el primer artículo de la Carta de las Naciones Unidas, y más lejos en el artículo 55. Desde entonces está repetido y afirmado a saciedad en preámbulo o referencia de varios instrumentos jurídicos adoptados por las múltiples instituciones internacionales, que pertenezcan o no al sistema ONU, como por ejemplo el Pacto Internacional de Derechos Económicos, Sociales y Culturales y el Pacto Internacional de Derechos Civiles y Políticos, del 16 de diciembre de 1966, cuyo artículo primero (idéntico) empieza por *"todos los pueblos tienen el derecho de libre determinación [...] establecen libremente su condición política"*. Es lo mismo en la Declaración sobre los principios de derecho internacional referentes a las relaciones de amistad y a la cooperación entre los Estados de conformidad con la Carta de las Naciones Unidas, adoptada por la Asamblea General de la ONU en 1970, y en el programa de acción de Viena, adoptado en 1993 durante la segunda Conferencia Mundial de los Derechos Humanos, que como los otros intrumentos precitados reconocen a los pueblos el derecho de disponer de sí mismos y de determinar libremente su estatuto político.

La resolución 1541 de la Asamblea General de la ONU, adoptada el 15 de diciembre de 1960, lista tres modalidades de ejercicio del derecho de los pueblos a disponer de sí mismos, a saber la independencia y soberanía, la libre asociación con un Estado independiente, y la integración a un Estado independiente. Y la Declaración sobre los principios de derecho internacional referentes a las relaciones de amistad y a la cooperación entre los Estados de conformidad con la Carta de las Naciones Unidas, arrriba mencionada, nota como formas del ejercicio del derecho de libre determinación "*el establecimiento de un Estado soberano independiente, la libre asociación o integración con un Estado independiente o la adquisición de cualquier otra condición política libremente decidida*".

La generalización del ejercicio de este derecho por todos los pueblos colisiona no obstante con algunas dificultades.

La primera dificultad reside en le hecho de que la Carta de la ONU regula las relaciones entre sujetos de derecho internacional, es decir entre Estados, o más exactamente entre Estados miembros de la ONU ya que siendo la soberanía de los Estados suprema y absoluta ninguna organización es supranacional o tiene autoridad sobre los Estados que no hayan libremente, por tratado con sus pares, adoptado unas reglas comunas, proceduras de arbitraje o incluso delegado algunas competencias a una institución cooperativa común. Mientras reconociendo principios filosóficos generales, la cincuentena de Estados fundadores de la ONU, y las tres cincuentenas de Estados nuevos de los cuales los primeros aceptaron la adhesión, son conscientes de los límites prácticos de las modalidades de cooperación igualitaria (sería diferente sobre un modo censitario), especialmente numéricas.

EL principio de la igualdad de derechos según el cual la el voto de Naurú cuenta igual, en la Asamblea General, que él de China ciento cincuenta mil veces más poblada ya ha desequilibrado en el pasado las relaciones internacionales en un hemiciclo de doscientos embajadores (más equipo chico), por lo que los miembros actuales de la ONU no quieren contratar a intérpretes para todas las combinaciones binarias de los seis mil idiomas hablados por la humanidad, ni tampoco reconocer una capacidad (personería) jurídica internacional al millón (o más) de ciudades y pueblos que, en el mundo, son tan poblados como Tuvalú. Las pocas decenas de Estados que cuentan, dirigen y cooptan al cabo de la comunidad internacional concluyeron, tácitamente, algo parecido a un tratado de no-proliferación estatal.

Siendo un de los fundamentos de la diplomacia el principio de realidad, los sujetos de derecho internacional inclinan, en práctica, a querer limitar el número de nuevos accedentes al estatuto, pero aceptan con pragmatismo los que saben imponerse demostrando su estatura (capacidad y responsabilidad) internacional. En términos más ilustrados, el club está abierto pero se abstiene de toda publicidad de reclutamiento. Sin escribirlos en los principios fundadores, pero dejándolos transparecer en las decisiones prácticas como las recoluciones de la Asamblea General y del Consejo de Seguridad, se aclararon en sesenta años de existencia de la ONU algunas líneas directrices a propósito de la autorización del ejercicio del derecho de los pueblos a disponer de sí mismos. El derecho es universal pero todos los pueblos no son igualmente ayudados a ejercerlo, y algunos son, en la práctica, condenados a laa dependencia si no con capaces de emanciparse solos.

Algunos intrumentos internacionales preconisan no obstante, al título de las buenas relaciones internacionales, que los Estados (sujetos de derecho internacional) favoricen el ejercicio del derecho a la autodeterminación (por los pueblos que no son ya Estados), como por ejemplo los dos pactos del 16 de diciembre de 1966 ya citados según los cuales "*los Estados [...] promoverán el ejercicio del derecho de libre determinación, y respetarán este derecho*". Adicionalmente la Corte Internacional de Justicia reconoció por su parte, en una sentencia del 30 de junio de 1995, que este derecho es una norma *erga omnes* que concerne a todos los Estados y no únicamente a los directamente implicados como partes involucradas. Cabe añadir aquí que los doctores del derecho internacional, aunque la ONU esté dedicada a la resolución pacífica de los conflictos entre sus miembros, reconocen un derecho al recurso a las armas, es decir a la secesión por la fuerza luego del agotamiento de otros medios, en particular (pero no exclusivamente) en el caso que llaman la secesión-remedio o sea como escapatoria a una opresión violenta (ésta es una consideración general sin relación con la situación actual de Cataluña).

Conforme al derecho internacional consuetudinario que se remonta al menos a los tratados de Westfalia y expresado en la Convención de Montevideo del 26 de diciembre de 1933, el sujeto clásico de derecho internacional, o sea el Estado, debe disponer de una población permanente, un territorio determinado, un gobierno, y la capacidad de entrar en relaciones con los demás Estados. Por lo tanto está generalmnete admitido que sólo un pueblo capaz de reunir estos cuatro requisitos debería poder acceder al estatuto internacional, no obstante eso, el artículo 3 de la misma Convención de Montevideo añade que "*la existencia política del Estado es independiente de su reconocimiento por los demás Estados*".

Con muy raras excepciones como históricamente la Soberana Orden militar y hospitalaria de San Juan de Jerusalén, de Rodas y de Malta, y también las instituciones en exilio de un pueblo expulsado, un consenso se hace sobre la idea de no reconocer como Estado a un pueblo fundamentalmente nómada como los Targuis y los Gitanos, sin concepto de administración como algunos pueblos muy pequeños de América, o simplemente no viable. Así se constituyó la distinción entre el derecho a la autodeterminación interna y el derecho a la autodeterminación externa. Para simplificar, todos los pueblos tienen derecho a la autodeterminación interna, o sea a determinar la manera de la cual quieren ser gobernados, como los Mahoreses que eligieron el 29 de marzo de 2009 (por un referéndum no sometido a los demás Franceses) de hacer de Mayotte un departamento francés o los Portoricanos que eligieron el 11 de junio de 2017 (por un referéndum no sometido a los demás Estadounidenses) de hacer de Porto Rico un estado federado estadounidense.

En cuanto al derecho a la autodeterminación externa, o sea a la secesión, el reconocimiento de su ejercicio parece *de facto* condicionado primero, por razones de comodidad, por la norma *uti possidetis*, es decir la intangibilidad de los límites administrativos interiores erguidos en fronteras internacionales. El reconocimiento del ejercicio del derecho a la secesión es también *de facto* condicionado por una parte a la proporcionalidad (la justa medida) de los medios cometidos, refiriéndose lá al derecho a la guerra (*jus ad bellum*) resultante de la teoría de la guerra justa de los doctores de la Iglesia, y por otra parte a la legitimidad de la finalidad de la secesión, a saber el establecimiento de un Estado de derecho respetuoso de las normas actuales en materia de derechos humanos y de las minoría, correspondiendo esencialmente a las reglas del Consejo de Europa a las cuales adhiere sin reserrva e lgobierno de Cataluña. La condición de perspectiva de Estado viable no implica la preexistencia de una administración proto-estatal anterior a la independencia, dado que es muy escaso que se presente un caso tan positivamente excepcional como él de Cataluña, ya dotada de un gobierno de autonomía más anciano que una veintena de Estados europeos soberanos actuales.

Otra dificultad encontrada en varios casos concretos, para saber si una comunidad beneficia del derecho de los pueblos a disponer de sí mismos, es aquella de la definición de pueblo, una palabra abundantemente usada en los textos internacionales espacialmente del sistema ONU, pero nunca definida al menos en estos textos[31]. Existe no obstante bastantes definiciones para aclaracer la mayoría de las dudas, que de toda manera no se plantean en el caso de Cataluña ya que el rey de España y el gobierno español han reconocido el pueblo catalán por

---

[31] Por su parte la Carta de la ONU, redactada en San Francisco en inglés, usa indistintamente las palabras "nación" y "Estado" para designar la misma realidad, en el caso lo que se llama en español un Estado.

el decreto-ley 41/1977, y luego en los estatutos sucesivos estableciendo la autonomía.

Por fin la objección principal a menudo levantada contra la autodeterminación de un pueblo es que atentaría a la "integridad" de un Estado ya existente. Este argumento viene sistemáticamente de una interpretación errónea de la garantía de la integridad de los Estados, la cual en realidad está siempre, cuando mencionada en un texto de derecho internacional, puesta en oposición al uso de la fuerza por otros Estados. Por la Carta de las Naciones Unidas por ejemplo, y todos los intrumentos a los dió origen, los Estados se comprometen a no atentar a la integridad de otros Estados, que sea directamente o soportando una insurección intestina. Ya era así del tiempo de la Santa Alianza por la cual las potencias se comprometían no sólo a no recurrir a la guerra entre sí pero también a no apoyar a movimientos revolucionarios o separatistas dentro de sus aliados (una especialidad, en el siglo siguiente, de la Unión de Repúblicas Socialistas Soviéticas y de los Estados Unidos de América).

El derecho a la integridad es la consecuencia de los dos principios fundadores de igualdad y de soberanía de los Estados, y expresa la prohibición de la ingerencia de un Estado (o de otro sujeto de derecho internacional) en los asuntos internos de otro y de la intervención en su dominio de soberanía. En el acto final de Helsinki del 1er de agosto de 1975 los Estados firmantes se comprometierons simultáneamente a respetar la integridad territorial lo unos de los otros y a respetar el derecho de los pueblos a disponer de sí mismo, confirmando así que no hay incompatibilidad entre ambos principios. En su aviso consultivo n° 2010/25 del 22 de julio de 2010, la Corte

Internacional de Justicia recordó explícitamente que "*el alcance del principio de integridad territorial es así limitado a la esfera de las relaciones interestatales*". Ningún instrumento de derecho internacional, por naturaleza tratado entre Estados y rigiendo sus relaciones externas, pretende proteger la indivisibilidad de un Estado soberano ante una amenaza interna de secesión o de desintegración. La autodeterminación de un pueblo tiene una dimensión interna y una dimensión externa, y queda un proceso interno hasta que el resultado se convierta en una autodeterminación externa.

Finalmente, en su aviso consultivo n° 2010/25 del 22 de julio de 2010, la Corte Internacional de Justicia ha ampliamente explicado los elementos y las consecuencias de la conformidad al derecho internacional de una declaración unilateral de independencia, en el caso de la provincia de Kosovo y Metojia (Serbia)[32]. Este dictamen consultivo dado por la instancia judicial de las Naciones Unidas, en respuesta a una pregunta de la Asamblea General, conforma de hecho una noticia de la declaración de independencia perfecta del punto de vista del derecho internacional (e interno, por la misma oportunidad). De una manera general, la Corte Internacional de Justicia examina las numerosas declaraciones de independencia de los siglos XVIII, XIX y XX y concluye que el derecho internacional no prohibía las declaraciones de independencia, que la declaración de independencia nunca

---

[32] La citación de este dictamen importantísimo de la Corte Internacional de Justicia no presume, en el marco del presente estudio, de la conformidad del objeto considerado a las demás normas prerequisitas para el acceso al estatuto internacional, comme las de proporcionalidad de la violencia, legitimidad, capacidad de autogobierno y respeto de los derechos humanos.

fue considerada como una transgresión del derecho internacional, y que la segunda mitad del siglo XX vió aparecer un "derecho a la independencia". Todavía hoy, "*el derecho internacional no contiene ninguna prohibición aplicable de las declaraciones de independencia*". Incluso la Corte nota que las escasas veces en donde el Consejo de Seguridad condenó unas declaraciones de independencia, no era por su carácter unilateral sino por el hecho de que eran o iban a ser acompañadas de violaciones graves del derecho internacional general (*jus cogens*) o de violencia ilícita.

La CIJ incluso añadió que una declaración de independencia no viola tampoco el derecho interno ya que no le pertenece y que no se hace dentro de su marco. En efecto, aun cuando una autoridad de administración autónoma de competencia interna se refiere al marco constitucional (y aun si abre la sesión en calidad de administración interna), en tanto proceda a una declaración de independencia claramente expresada por ejemplo por los términos "soberano e independiente", sale del marco interno. En el espíritu de los autores de la declaración de independencia esta independencia no tiene vocación a tomar efecto dentro del marco jurídico vigente, por lo cual "*los autores de esta declaración no actuaron, y no entendían actuar, en calidad de institución nacida de este orden jurídico y habilitada a ejercer sus funciones en este marco*". Los textos vigentes, en el marco de los cuales la autoridad de administración se reúne inicialmente, tienen una finalidad de administración (interna), mientras la declaración de independencia tiene una finalidad de estatuto (internacional), lo que hace que sean textos de naturaleza distinta y la proclamación de la segunda no viola los primeros.

La distinción entre la naturaleza del texto y el marco en el cual puede erróneamente parecer haber sido tomado es aun más evidente si algunos elementos complementarios muestran que los autores de la declaración no se veían más en el marco del derecho interno (y de su mandato) sino del derecho internacional. Por ejemplo pueden comprometerse a asumir las obligaciones internacionales del territorio que accede a la independencia (hasta entonces aseguradas por el Estado de pertenencia), escribir la declaración sobre un medio que no lleve el encabezado oficial de la administración interna, firmar de un título distinto de aquel tenido en el marco del mandato interno, abstenerse de enviar la declaración a la autoridad encargada del registro y de la publicación oficial de los actos usuales de la autoridad interna, o también recurrir a una procedura distinta de la procedura normal de adopción de los textos legislativos de uno interno, como asociar a la firma de la declaración una autoridad distinta (en el caso considerado, el presidente que no pertenecía a la asamblea parlamentaria sino al gobierno ejecutivo). Tales son las marcas secundarias que permiten, más allá del acto y del texto mismos, determinar que una declaración de independencia no es el hecho de la institución normal de una administración autónoma *"actuando dentro de los límites del marco constitucional, sino que es él de personas actuando juntas en su calidad de representantes del pueblo"*, fuera del marco de la administración normal.

Eso es lo que permite a la Corte Internacional de Justicia determinar que una declaración de independencia *"no procedía de las instituciones [...] de administración autónoma, y que no se trataba tampoco de un acto destinado a tomar efecto, o que haya efectivamente tomado efecto, en el marco del orden jurídico dentro del cual éstas actuaban [...] los autores de la declaración de independencia no eran y responsabilidades, la conducta de las instituciones [...] la declaración de independencia no violó el marco constitucional".* En consecuencia de lo cual, si la adopción de una declaración de independencia no viola el derecho internacional general ni tampoco el marco constitucional vigente, no viola ninguna regla aplicable del derecho internacional (*dixit* la CIJ).

Se trata aquí de la más completa legitimación jurídica de una declaración de independencia, tanto ante el derecho público internacional como ante el derecho constitucional interno.

# Referéndum de autodeterminación

Antes de todo cabe precisar que la hoja de ruta según la cual el gobierno catalán tenía que llevar Cataluña a la independencia en dieciocho meses no contenía ningún referéndum sobre la independencia, ya que el parlamento esperaba un voto plebiscitario en favor de los partidos independentistas el 27 de septiembre de 2015. Lo hoja de ruta contemplaba un referéndum sólo en extremidad final del proceso, para la aprobación de la constitución soberana catalana. El referéndum intermediario sobre la independencia fue añadido a la hoja de ruta recién el año pasado.

El discurso del gobierno catalán actual no habla de independencia, de la cual no está seguro que una mayoría del electorado la desea, sino de la autodeterminación, que una muye fuerte mayoría del electorado quiere absolutamente. Este discurso es obviamente hipócrita ya que mientras pidiendo sólo una consulta de opinión la Generalidad pide simultáneamente al gobierno español que el resultado sea vinculante, pero es homógeno y constante tomando como testigo a la comunidad internacional ante el hecho de que Cataluña sólo quería un referéndum consultivo. Este discurso intoxicó hasta el Financial Times, que publicó el 29 de junio de 2017 un artículo noticiado de quince páginas, exclusivamente basado sobre entrevistas y obviamente sin investigación documentaria previa, ya que presentando como un hecho cierto que *"los pilotos catalanes de la independencia intentan una vez más organizar un escrutinio en lugar de preparar la independencia misma"*, y llegando finalmente a la conclusión que la campaña de secesión no progresaba.

Al nivel de este discuso en todo caso, que sea en la escena española frente a los partidos catalanes y nacionales, al gobierno central y a la opinión pública española, o que sea en la escena internacional frente a las instituciones europeas y a la prensa mundial, el gobierno catalán reivindica la celebración de un referéndum de autodeterminación, sin exigir que sea vinculante, comoe expresión de la democracia. Pero pide que esta consulta se haga al nivel de la región autónoma de Cataluña, como entidad administrativa, y así abierta a todos, y sólo, los votantes registrados en el padrón electoral de las municipalidades de la región, lo que desarma la acusación de nacionalismo y los debates sobre la definición de un pueblo catalán, incluyendo tanto a los Españoles empadronados en Cataluña como a los residentes extranjeros con derecho de voto, y descartando a los Catalanes empadronados en otras regiones de España.

El gobierno español, mientras pretendiendo rechazar todo referéndum, se opone en el espíritu sobretodo a la idea de un referéndum regional en lugar de nacional, apoyado en eso por el sentimiento de una mayoría de Españoles (no sólo Castillanos, Gallegos o desarraígados) para los cuales Cataluña pertenece a todos los Españoles, no específicamente a los Catalanes. Por el contrario en otras regiones de identidad arraigada, como el País Vasco y en menor medida Navarra (sin hablar de otras regiones catalanes como los Baleares y el valenciano), domina el sentimiento según el cual el porvenir de Cataluña concieren en prioridad a los Catalanes, y se oyeron recién varias llamadas al gobierno central a que estudie una constitución federalista como sollución a la crisis de unidad española. Por su lado el gobierno español sólo considera la posibilidad de un referéndum nacional, de iniciativa parlamentaria o popular (medio millón de firmas), olvidando oportunadamente que la constitución española no había prohibido la presentación del estatuto de autonomía para aprobación del cuerpo electoral de Cataluña sólo, por el referéndum de 2006.

Por su memorandum (en inglés) n° 37 del 9 de junio de 2017, el ministerio de Asuntos Exteriores catalán explicó a las embajadas presentes en Españas los motivos por los cuales el gobierno catalán, por no poder denegar a los ciudadanos el derecho de voto y de expresión y luego de pacientes demarchas para intentar de obtener el asentimiento del gobierno español, había decidido convocar él mismo este referéndum, ofrenciendo así al gobierno español una oportunidad de dejando atrás su pasado autoritario y las fundaciones débiles del regimen establecido en 1978, al defender su propia diversidad y garantizando los principios democráticos dentro de sus fronteras. Toda la prensa mundial difundió la feha anunciada el 9 de junio (ante una concentración de periodistas extranjeros jamás vista en Barcelona), como un hecho de anotar en el agenda electoral mundial del añol, no como un deseo o una provocación. Habrá por lo tanto una fuerte presencia internacional en Cataluña el 1$^{er}$ de octubre.

Al nivel de los actos de gobierno la Generalidad sacó las enseñanzas de sus errancias de 2014, y está ahora muy atenta a no presentar vulnerabilidad a los ataques judiciales, que son hasta ahora el principal modo de riposta español, a través del sistema judicial centra o desconcentrado (tribunales situados en Cataluña pero dependientes de la organización judicial national). Ya cunado el Tribunal Constitucional había prohibió el referéndum previsto, acaso de manera un poco precipitada, para el 9 de noviembre de 2014, la Generalidad dió marcha atrás y son las asociaciones seperatistas que fueron encargadas de convertirlo en una consulta no oficial (ya anunciaron de que lo harían en 2017). Las multas pesadas infligidas a principios de 2017 por el Tribunal supremo a los facilitadores gubernamentales de esta consulta de 2014 son pagadas por estas asociaciones separatistas y podrían ser cubiertas por suscripciones populares de solidaridad[33].

Para el referéndum que se viene (octubre de 2017), la Generalidad ha muy escrupulosamente decidido no usar las urnas que pertenecen al Estado español, aunque hayan sido pagadas por la sobrecontribución catalana al presupuesto nacional y destinadas a ser usadas en Cataluña. Para algunas horas de utilización referendaria previó en el presupuesto 2017 la compra de 8000 urnas por 200000 euros, y lanzó en 8 de mayo un llamado a ofertas (estudiado por el Tribunal Constitucional) que, para evitar poner a los funcionarios de mercados públicos en peligro judicial más allá de disciplinario, fue despojado por políticos no funcionarios. Este llamado a ofertas fue declarado "desierto" por razones oscuras, pero que podrían ser una retirada de las empresas como consecuencia de amenazas gubernamentales españolas. Pero todo había

---

[33] Si se trata de castigar malversaciones presuntas (e inocentadas por la justicia) de fondos públicos a fines colectivas ilícitas sin enriquecimiento personal las penas pronunciadas son pesadas para un continente (y seguramente un país) en donde el desvío en favor de los partidos es general y la delincuencia pública (falsas facturas) una práctica corriente, a veces agrementada de enriquecimiento personal ilícito (robo), pero si se trata de castigar o prevenir la sedición o el atento a la indivisibilidad del Estado las penas son ridiculosamente insignificantes.

sido metículosamente previsto. Esta decisión, que sólo podía tomar un país tan rico como Cataluña (la cual adivina no obstante que la independencia inminente proveerá otras oportunidades de usar dichas urnas), es de no equivocarse única en la Historia. El único caso comparable es él de 2014, cuando Rusia luego de haber incorporado en su ejército a todos los militares ex-ucranianos estacionados en Crimea recién reunificada (trás referéndum) con Rusia que lo querían, reenvió a la ex-Ucrania continental, por trenes completos, todo el armamento de las unidades que así cambiaron de campo[34].

Cataluña ya previó en sus leyes de transición el traspaso de propiedad (o sea la nacionalización catalana) de todos los bienes des Estado español presentes en Cataluña al momento de la secesión, lo que practican por supuesto (en general sin haberlo explicitamente previsto) todos los gobiernos de territorios en secesión, sin distinción entre bienes muebles e inmuebles ya que los muebles son accesorios de los inmuebles, pagados por los impuestos de la población local para su administración. Esta idea permitirá al gobierno catalán reenviar, luego de la secesión, las viejas urnas a España, movimiento inédito en la historia de la democracia, pero que nació simplemente del estudio exhaustivo de todos los obstáculos legales posibles, ya que el referéndum se celebrará todavía en tiempo de soberanía española. Eso seguramente no facilitará la tarea de las unidades posiblemente encargadas por el gobierno español de impedir la celebración del referéndum confiscando las

---

[34] El gobierno ruso no sabía entonces que el regimen originado en el golpe de Estado del 22 de febrero usaría inmediatamente esta armas pesadas contra las poblaciones civiles del sur-este protestando de manera pacífica con el golpe de Estado, y además se jactaría de ello.

urnas u ocupando los locales (escuelas), y daría en este caso un argumento suplementario a las protestaciones mundiales del gobierno catalán.

Todavía en el espíritu de no dar ningún punto de apoyo al poder judicial español, el anuncio hecho, el 9 de junio, de la fecha (y de la pregunta) del referéndum quedó esencialmente un acto oral, por el cual no hay ni resolución del parlamento ni tampoco decisión del gobierno. La voluntad de hacer este referéndum había por cierto sido tomada por el parlamiento catalán (sin reacción española) pero la determinación de la fecha del 1$^{er}$ de octubre de no había sido objeto, al momento de su anuncio, de ningún acto de decisión atribuíble y reprensible. La convocación oficial se hará más tarde, muy probablemente al temprano comienzo de septiembre ya que el parlamento reducirá a 30 días en lugar de 54 el plazo de aviso previo necesario a la convocación de una consulta o de una votación, con objetivo de complicar la tarea de la justicia española encargada de pronunciar su inconstitucionalidad, aunque, si el mismo contenido de la convocación está por ser considerado ilegal, no importe que el plazo legal no sea respetado.

Queda no obstante una dificultad técnica, a saber que los partidos políticos catalanes nunca acordaron sobre una ley electoral propia (al contrario de las otras comunidades autónomas), por lo que es una vieja ley española que se aplica... y es una administración central quién posee el padrón electoral. Por falta de cooperación a esperar de parte del instituto nacional de estadísticas español, el gobierno catalán tendrá que constituir (o ya tiene) su propio padrón. El Consejo asesor para la transición nacional preseleccionó al Instituto de estadística de Cataluña, detentor a fines estadísticas el padrón electoral provincial y de las listas de residentes registrados en cada municipio al título del censo de la población, para constituir un padrón de electores más reciente que él de las elecciones de 2015, que la Generalidad ya posee.

Para el 3 % de municipalidades (24 de 914) anti-independentistas, las estaciones de votación estarán instaladas en los locales de las administrationes provinciales ás cercanas a los lugares de votación habituales. Los más últimos detalles referendarios serán dados a conocer al momento de la apertura de la sesión parlamentaria, excepcionalmente adelantada al 15 de agosto, cuando el ejecutivo catalán (o la coalición parlamentaria que lo constituyó) presenterá al parlamento sus proyectos de leyes cuya preparación había sido claramente anunciada en 2016 como un paso importante. La mayoría de la dudas subsistentes fueron levantadas el 4 de julio, fecha de la presentación del proyecto de ley de organización del referéndum que sera probablemente votada al recién comienzo de septiembre. En realidad la única garantía que pueda ser ofertada es la de la irreversibilidad del proceso. En el caso la inscripción, en la ley de organización del referéndum (artículo 4), del compromiso por el parlamento de declarar formalmente la independencia dentro de los dos días de la proclamación de los resultados (si vence el sí) conlleva esta garantía. También asegura que todos los votantes, de los cuales según un sondeo publicado el 2 de julio sólo un 12 % pensaban qyue un resultado positivo lleva a la secesión, votarán en pleno conocimiento. Ésta era la garantía necesaria.

La Generalidad había también prometido de hacer públicas el 4 de julio las "garantías" de la irreprochabilidad del proceso, para confortar y reasegurar a los electores, a los funcionarios y sobretodo a los partidos que se pretenden separatistas legalistas. Obviamente era fácil encontrar una legitimidad en el derecho internacional, imposible obtener de antemano un reconocimiento internacional, e ilusorio prometer a los participantes la impunidad en caso de fracaso... especialmente cuando el gobierno catalán prometió efectivamente renunciar y convocar elecciones en caso de victoria del no, o sea, en la más pura tradición de la democracia, no asumir y gerar las consecuencias de un fracaso posible de su política. La presentación pública, y en el sitio internet dedicado a las *"garantías para un referéndum legal, efectivo y vinculante"* abierto el 4 de julio, pretende reasegurar al electorado explicando que a todos niveles el referéndum se celebraría como todos los escrutinios anteriores, siendo las tres únicas diferencias la explotación por una junta electoral catalana nuevamente constituída (cinco miembros nombrados por el parlamento), la supervisión por una misión de observación internacional, y la referencia al derecho internacional y a la legitimidad democrática frente a la denegación española de liceidad.

Afines de no poner a los funcionarios en la difícil posición de tener que escoger entre desobedecer al gobierno catalán (que les paga) y desobedecer al gobierno español (que puede demandarles en justicia), y trás asesoramiento por el Consejo de la función pública interrogado con motivo de las legítimas dudas de los sindicatos, la Generalidad decidió desplegar para el referéndum a un efectivo de 4000 "agentes electorales" para suplear a los empleados municipales, especialmente secretarios de ayuntamiento, usualmente encargados de las operaciones electorales. Estos agentes serán reclutados por una bolsa de voluntarios (no prohibida a los funcionarios), y recibirán una capacitación específica, como los observadores que la OSCE despliega en los países que lo necesitan para supervisar las elecciones (generalmente bajo contrato de dos semanas incluyendo la capacitación y preparación, el escrutinio y el tratamiento de los resultados). En caso de dificultad de reclutamiento se puede adivinar que las dos principales asociaciones independentistas, que habían sido capaces de organizar solas la consulta de 2014, podrán fornecer el complemento necesario. El gobierno catalán llamará seguramente también a los 12000 cargos elegidos de Cataluña, o sea diputados, alcaldes y consejeros, pero algunos de ellos pertenecen a los partidos anti-independentistas (y algunos también deben ser funcionarios) por lo que no participarán a la logística del referéndum.

Todo eso no cuenta a las tres personas (un presidente y dos asesores) para cada una de las 8233 urnas habitualmente desplegadas en 2706 escuelas, o sea casi 25000 personas sin contar a los suplentes, que serán sorteadas entre los electores, segúna la procedura vigente para todos los escrutinios anteriores. Queda por convencer también a la alcalde de Barcelona, una "indignada" pasada a pesar de su voluntad de la contestación de más o menos todo al gobierno de una ciudad de un millón y medio de habitantes y no resolvió ya todas las contradicciones que eso induce, pero la implicación de su municipalidad y de su partido serán determinantes.

De la misma manera que los buenos vendedores que no preguntan si uno quiere comprar una camisa sino que preguntan si uno la prefiere verde o roja, el gobierno catalán pidió repetidamente al gobierno español discutir de los modales del referéndum, como la fecha pero también el quorum y la mayoría necesaria, sin esconder que estaba listo a aceptar, como lo que se exige del parlamento para modificar la constitución española, una mayoría de los dos tercios. Cabe precisar que aproximadamente el 60 % de los votantes potenciales desean un referéndum negociado con el gobierno central y no un referéndum clandestino. Como el ejecutivo central no cayó en la trampa y rechazó cualquier negociación sobre una consulta que considera inconstitucional, es casi seguro que el parlamento catalán decidirá aplicar las normas mundialmente aceptadas de considerar un referéndum válido si hay al menos el 50 % de participación, y de considerarlo ganado si hay una mayoría de votos positivos, o sea un 50 % de los votos expresados más uno. Pero entonce la margen de victoria potencial del independentismo es chica, ya que de acuerdo a los sondeos un referéndum acordado por el gobierno español sería probablemente perdido por los independentistas (sólo un empeoramiento del conflicto podría convercer a otros más), mientras que un referéndum prohibido sería muy ampliamente ganado por los partidarios de la independencia en ausencia de participación de los legalistas unionistas.

Ya que la Comisión de Venecia recomienda no especificar ninguna participación mínima o quorum porque esto conlleva "*el riesgo de provocar una situación política compleja si el proyecto está apoyado por una mayoría simple inferior al mínimo de representación*" fijado, y a pesar de fuertes tentaciones de introducir un mínimo, finalmente la Generalidad no fijó ninguna participación mínima para la validez del escrutinio. Entonces la opción reuniendo el mayor número de votos expresados será proclamada ganadora, aun en caso de abstención digna de una elección al parlamento europeo (al cual una delegación del parlamento catalán presentó el 4 de julio el contexto y el proceso de la autodeterminación). Igual, ya que la Comisión de Venecia recomienda no hacer coïncidir la fecha de una consulta con un día de fuerte conotación política o simbólica porque eso podría influir tanto sobre la tasa de participación como sobre la orientación del voto, la Generalidad descartó el domingo 10 de septiembre, vigilia de la *Diada* o fiesta nacional catalana. Efectivamente el gobierno catalán compromete su honor en respetar el código de buenas prácticas referendarias, porque ve lá el mejor argumento para convencer a las instituciones europeas e internacionales de la validez de la autodeterminación catalana y de la legitimidad de la independencia.

El ministerio de Asuntos Exteriores catalán está constituyendo una comisión de supervisión internacional del referéndum, e invitando a observadores internacionales. El 1er de julio, la asociación de municipalidades independentistas, representando un 90 % de las municipalidades, decidió pedir a todas las ciudades extranjeras hermanadas con una ciudad catalana de enviar a observadores para el referéndum. Por fin, al ver el resultado del manifiesto *Let Catalans Vote*, ya firmado por varios premios Nobel de la paz algunas semanas luego de su lanzamiento, habrá seguramente observadores.

El proyecto de ley de organización del referéndum recorda en su preámbulo los textos internacionales garantizando el derecho de los pueblos a la autodeterminación, e invoca el artículo 96 de la constitución española incorporando justamente a la legislación nacional los tratados internacionales rafiticados por España. Más allá, antes de que el artículo 3 de dicha ley designe al parlamento catalán como representante de la soberanía del prublo de Cataluña, el artículo 2 de esta ley afirma que "*el pueblo de Cataluña es un sujeto político soberano y como tal ejerce el derecho a decidir libre y democráticamente su condición política*". En realidad el voto de esta afirmación incondicional de soberanía bastarías como proclamación de independencia, aun sin referéndum, según la demostración de la Corte Internacional de Justicia en su aviso consultivo 2010/25 examinando, precisamente, una declaración de independencia sin referéndum previo.

# Leyes de transición

La independencia de Cataluña fue madurada y preparada, no fue improvisada, o impuesta por un desmantelamiento estatal como en ex-URSS o una promesa de deportación masiva como en ex-Ukraine.

Al convocar las elecciones parlamentarias del 27 de septiembre de 2015 el gobierno catalán había claramente indicado que se trataba de un voto en pro o en contra de la independencia y que en caso de victoria la coalición tendría dieciocho meses para conducir a la independencia. Este anuncio hizo participar al 75 % del electorado, un salto respeto a las elecciones anteriores en donde un tercio del electorado se había abstenido. Los dos artidos independentistas obtuvieron respectivamente un 40 % y un 8 % de los votos (los partidos unionistas varios un 40 %) pero 62 y 10 escaños de 135 o sea una mayoría en el parlamento, lo que permitió luego de tres meses de disputas (ideológicas y estratégicas) constituir el 10 de enero un gobierno de coalición encargado de preparar la secesión, programa llevado por un gobierno provincial democrática y legalmente constituido.

El gobierno central español considera ilegal e inconstitucional la puesta en aplicación de este programa y hace ahora anular por el Tribunal Constitucional las disposiciones tomadas y condenar por el Tribunal supremo a sus autores. No obstante uno puede preguntarse por qué no había usado en 2015 su posibilidad de prohibir la incorporación de proyectos ilegales en los programas electorales, de inhabilitar para les elecciones los partidos proponiendo abiertamente proyectos de sedición en el sentido del artículo 545 del código penal, o de anular el resultado de las elecciones mediante el artículo 155 de la constitución española.

A finales de 2015 una "hoja de ruta" fue dibujada por la coalición independentista, de la cual uno de los pasos importantes era la preparación de un texto de alcance proto-constitucional, nombrado ley de transición jurídica y apodado ley de deconexión o de ruptura. El proyecto estaba por quedar secreto hasta su presentación al parlamento, no obstante en su edición con fecha 22 de mayo de 2017 el diario madrileño El País publicó la traducción española de los puntos principales de lo que presenta como la última versión de este texto antes de su presentación para voto, y comentó otros artículos menos importantes el día siguiente, sin no obstante publicar ningún texto integral. Entonces el gobierno catalán desmintió que se tratara de la última versión, mientras dejando a entender que efectivamente un texto era terminado, y listo a ser presentado en cualquier momento. Como todo periódico respetuoso de la deontología El País no nombró a sus fuentes, y por otra parte no pareció ser inquietado por haber preferido hacer un *scoop* vendedor en lugar de denunciar ante el ministerio de Interior una conspiración contra la unidad del país (sin juego de palabras).

Esta ley de transición jurídica ha sido preparada por el Consejo asesor para la transición nacional, creado el 12 de febrero de 2013 y presidido por el eminente constitucionalista Carles Viver i Pi-Sunyer (ex vice-presidente del Tribunal Constitucional español), y luego disuelto por el Tribunal Constitucional, por motivo de inconstitucionalidad... el 10 de mayo de 2017, o sea luego de la conclusión de sus cuatro años de trabajo. A medida del avance del estudio y de la redacción había parecido oportuno preparar en realidad varias leyes distintas, en el caso al menos una ley organizando el referéndum, una ley dicha fundadora organizando el regimen jurídico, una ley dicha económica organizando la función impositiva (posiblemente provisorio para el primer ejercicio fiscal) en previsión de la cual el ministerio de Economía está llevando a cabo en este mismo momento una fuerte subida de potencia, y una ley de seguridad social, siendo el conjunto nombrado por el parlamento como "leyes de desconexión". Por fin, si una resolución parlamentaria de declaración de la independencia puede haber sido preparado en algún momento, podría finalmente no ser necesaria.

La ley organizando el referéndum debe ser específica para que pueda ser modificada sola en caso de necesidad. Por ejemplo si el gobierno español decidía finalmente de autorizar un referéndum, el gobierno catalán repitió varias veces que aceptaría discutir las condiciones. Se piensa por supuesto a los detalles de fecha, quorum y mayoría necesaria, pero la misma pregunta podría ser distinta si el gobierno español, reconociendo los decenios de aspiraciones catalanas y los consejos recientes procediendo de otras comunidades autónomas (y de personalidades españolas) ansiosas de la crisis de la unidad española, concebía una federalización, lo que podría traducirse en la pregunta del referéndum por una alternativa entre federación e independencia. Esta ley de organización, cuyo proyecto fue publicado el 4 de julio, será probablemente presentada al parlamento catalán al final de agosto o principio de septiembre. Será seguida de un decreto convocando del referéndum (para treinte días más tarde), afines de separar la decisión democrática de la aplicación ejecutiva, y de un decreto complementario, que precisará los últimos detalles prácticos.

Pero también habrá la ley dicha dee regimen jurídico de transición (ver en anexo), prevista para proporcionar un marco institucional y jurídico durante los meses separando la proclamación de la independencia de la adopción de una constitución. Su voto podría efectuarse de acuerdo a una procedura de urgencia, bajo cuarenta y cuatro horas en lectura única o sea sin posibilidad de enmienda, teniendo los parlamentarios sólo que votar por o en contra. Si la ley está presentada al parlamento el viernes 29 o el sábado 30 de septiembre, será votada justo a tiempo para proveer brindar un nuevo marco legal y una consecuencia irreversible al referéndum del domingo 1<sup>er</sup> de octubre, y aun si el Tribunal Constitucional español, que la esperará, la suspende en seguida el lunes 2, esto no hará más que llevar una justificación suplementaria a la declaración de independencia.

Algunos artículos tiene un carácter constitucional, como el primero que expone que Cataluña se constituye en Estado bajo la forma de una república constitucional, o el secundo que establece que la soberanía nacional yace en el pueblo de Cataluña. Otros tienen un carácter expresamente temporario, como él que mantiene a título provisorio todas las leyes españolas que no contradicen la presente ley de transición o una ley catalan ulterior. Otros artículos aun parecen lógicos y coformes a las intenciones reivindicadas por la Generalidad, como la obligación para los funcionarios y magistrados de aprender el catalán al nivel necesario al desempeño de sus funciones, asortida no obstante de plazo razonable para aprender el idioma y demostrarlo.

Otros artículos atrayeron la crítica de la prensa española, como obviamente él relativo a la amnistía de los inculpados y condenados políticos por independentismo, pero también un artículo que parece, a la lectura de la primera publicación por El País, mal interpretado luego. Se reprochó bastante que fuera pedido a los jueces, magistrados y fiscales de deber "concurir de nuevo para conservar su puesto en Cataluña". No obstante la lectura atenta del texto publicado (cuya autenticidad de toda manera no queda asegurada) muestra que hay dos apartados distintos, un que estipula que los jueces, magistrados, fiscales y letrados en función en Cataluña al momento de la transición jurídica continúan en sus plazas (y parecen por lo tanto automáticamente integrados a los cuerpos catalanes correspondientes), y el otro que prevé que los jueces, magistrados, fiscales y letrados titulares en la función judicial española (aparentemente sin condición de residencia en Cataluña al momento de la transición) podrán concursar a los puestos que se convoquen, o sea no ocupados o todavía no creados al momento de la transición. Bajo reserva de lectura del original en catalán, esto no parece entonces como la reconsideración o el cuestionamiento de las competencias y de la carrera pasada de los interesados o como la introducción de una posibilidad de selección política arbitraria para la continuación en los puestos ya ocupados, sino por el contrario como un llamado a los magistrados españoles, o catalanes en servicio fuera de Cataluña, a venir concursar en Cataluña. Acá hubo un intento de desinformación, probablemente hacia el público general ya que los interesados mismos saben leer un texto de ley.

Ya se mencionó más arriba la gran apertura en materia de nacionalidad, no teniendo este texto ningún carácter nacionalista en el sentido del *jus sanguinis* (nationalidad transmitida por los padres) sino más bien patriota en el sentido del *jus soli* (nationalidad adquiridad por la residencia), por lo menos en lo que toca a los Españoles ya que las partes publicadas del pretendido borrador de ley sólo tratan de la nacionalidad de origen, no de la nationalidad adquirida por casamiento o por naturalización por ejemplo, y sólo del caso de los Españoles, no de los residentes extranjeros. En el caso, será considerado Catalán de origen todo Espagnol inscrito en el padrón electoral catalán desde un año al momento de la independencia (o dos años luego), todo Español nacido en Cataluña, todo Español no residente (por lo tanto no elector) pero teniendo su domocilio legal en Cataluña desde cinco años, y todo Español cuyo padre o madre tiene la nacionalidad catalana. Se tratan aquí de disposiciones excepcionalmente amplias aun comparadas con las vigentes en otros Estados de derecho, en Europa o no.

En verdad el código de la nacionalidad no tiene *a priori* nada que hacer en un texto de carácter constitucional precisando la forma del Estado, el marco jurídico y las modalidades de sucesión de las administraciones, por lo que fue insertado a propósito. El gobierno catalán quiso reasegurar e invitar a los Españoles de origen central y occidental qui podían creer hasta entonces que Cataluña estaría reservada a los indígenas que bebieron el idioma en la cuna, y se habrían opuestos a las independencia por temor de tener que regresar a España. Y también quiso seguramente reasegurar y seducir a las instituciones internacionales que podían asustarse de ver nacer alguna nueva abominación "etnicista" o nacionalista de tipo ustacha, lista a desencadenar una campaña de "purificación étnica" como las de Croacia de

1991 a 1995, de Kosovo y Metojia de 1999 a 2004, de Georgia en 2008 o de la ex-Ucrania desde 2014. Cataluña es un Estado de derecho y sobretodo un país civilizado, y no sólo reconoce los derechos garantizados por el Consejo de Europa, sin que además invita ampliamente a todos los Españoles que quieren instalarse en ella, minetras informándoles por cierto de la prioridad del idioma catalán.

Pero el artículo seguramente el más importante de la ley de transición jurídica es el último, titulado "disposición final" por El País. No lleva ninguna sorpresa, ya que esta intención era ya anunciada en el programa electoral de Junts pel Sí, y que luego el vice-presidente Oriol Junqueras confirmó en abril pasado su existencia antes que se conozcan las palabras exactas. Se trata de la "cláusula de desbloqueo", por declaración unilateral de independencia. Precisamente, en el caso de que el gobierno español lograría, por cualquier medio, impedir la celebración del referéndum, el parlamento catalán procedería a la declaración de independencia. Más exactamente el programa de Junts pel Sí decía que en caso de prohibición efectiva de la celebración del referéndum la Generalidad y el parlamento procederían a la proclamación de la independencia y a la aprobación de la ley de transición jurídica.

Entonces la concepción de la autoridad y del encadenamiento de las acciones cambió, luego del estudio profundizado de los escenarios. Por una parte las decisiones que comprometen el porvenir de Cataluña serán tomadas por el parlamento solo, expresión y delegación del electorado y por eso manifestación de la democracia (argumento fuerte al nivel internacional), el gobierno limitándose por su parte al papel de preparación, de un estado-mayor que formaliza y presenta las diferentes opciones al decisor. Por otra parte la cronología de las acciones determinantes está inversada, y al aprobar justo antes de la celebración del referéndum la ley de transición jurídica, lo que podrá necesitar uno o dos días de debates canalizados por procedura expeditiva, el parlamento sólo dejará pendiente la proclamación de la independencia. La aprobación de esta ley de transición jurídica será al próximo acto formal de desobedencia de parte del parlamento luego del voto de la ley de organización del referéndum, aun si de parte del gobierno habrá anteriormente la licitación de la compra de las urnas (cuya ilegalidad es discutible) y más que todo el pedido de las papeletas de votación (cuya formulación será obviamente ilegal ya que inconstitucional).

Antes de la procedura dicha en lectura única (en realidad votación única) según el artículo 135 del reglamento del parlamento, el artículo 81 permite una modificación sin preaviso del orden del día a pedido del presidente, de dos grupos parlamentarios o de un quinto de los deputados, salvo oposición por una mayoría de absoluta. Y aunque cualquier documentación necesaria tenga que ser distribuída dos días antes de toda discusión, el artículo 106 permite en caso de urgencia distribuir la documentación en sesión antes de su publicación al boletín oficial. Así ninguna modificación previa del reglamento es absolutamente necesaria, al contrario de lo que escribieron algunos comentadores que no lo leyeron. La Corte internacional de justicia ha establecido el 22 de julio de 2010 que para una declaración de independencia las reglas procedurales de la asamblea proclamatoria no cuentan y que sería incluso oportuno ultrapasar estas reglas para mostrar que está conscientemente saliendo del marco institucional anterior, no obstante el parlamento de Cataluña, en busca de legitimidad frente a su debilidad democrática (mayoría chica), respetará seguramente sus reglas internas. Así, bastará con tres días para presentar y aprobar cada una de estas leyes, a fines de agosto o comienzos de septiembre.

Parece poco verosímil que la justicia española pueda hacer lo que sea durante el verano, pero el gobierno puede, por las medidas de excepción previstas al artículo 155 de la constitución,  intervenir contra la autonomía, lo que no hará en esta etapa, o intimar y luego inhabilitar a la Generalidad (entre otras posibilidades), lo que es más probable. En todo caso el gobierno catalán non encontrará ningún reproche nuevo por hacer al parlamento catalán hasta la publicación legal de la primera de las leyes de desconexión votada, o sea pobablemente la ley de convocación del referéndum cuyo artículo 2 es evidentemente inconstitucional. Si es la ley de transición jurídica que se vota primero, como lo quieren algunos partidos, su contenido es tan evidentemente inconstitucional aunque, suprema subtilidad, su entrada en vigor no sea inmediata ni tampoco ineluctable (queda condicional), pero que no requiere de decretos de aplicación ya que prevé su entrada en vigor automática (entonces inmediata) en dos casos circunstanciales.

Así el parlamento catalán será todavía legal y en funciones cuando adoptará esta ley, que será inmediatamente suspendida en espera de su anulación por el Tribunal Constitucional luego de un plazo que se puede púdicamente calificar de judicial (cuatro años para anlar la creación del Consejo aseso para la transición nacional), pero que motivará una reacción del gobierno central bajo el artículo 155 de la constitución, a saber como mínimo la intomación directa a la presidente del parlamento catalán y posiblemente, falta de competencia del Estado central para disolver este parlamento, su paralización por inhabilitaciones individuales o la suspensión *de facto* de la autonomía de Cataluña mediante intimación de órdenes directos a los ministros dichos consejeros, todas medidas que sólo se pueden tomar luego de la autorización del senado español, o sea en septiembre como más temprano. Entretanto el parlamento catalán habrá procedido a sus demás urgencias soberanistas, en una atmósfera de normalidad veraniega solamente disturbida por los gritos de horror de algunos periodistas madrileños caídos de su camilla de playa.

Entonces es el gobierno español quién tendrá la iniciativa de reanudar las hostilidades, primero en el senado y luego en Cataluña, a propósito de un texto finalmente "moderado" que no contempla entrada e nvigor de la independencia en caso de resultado negativo del referéndum. La formulación del proyecto tranquiliza a los partidos pretendidos legalo-separatistas, ya que prevé una independencia automática sólo en caso de impedimiento efectivo del referéndum, no en caso de prohibición sin efecto real o de suspensión *de facto* de la autonomía. Pero si este proyecto no fuera adoptado cuando será presentado el parlamento, el gobierno catalán ya anunció que presentaría su renuncia y convocaría elecciones anticipadas, reenviando a los partidos indecisos o incoherentes ante sus electores.

Al principio la planificación de le Generalidad se extendía sobre varios meses después del referéndum, sin declaración ruidosa de independencia  al día mañana del mismo, pero procediendo trás la elección anticipada de un nuevo parlamento explícitamente encargado de redactar una constitución, ratificada luego por referéndum seis meses después del referéndum de autodeterminación. Pero finalmente la ley de transición jurídica prevé, aparte su entrada en vigor automática en caso de que el parlamento constataría el impedimiento efectivo de celebrar el referéndum, su entrada en vigor, de lo contrario, del hecho mismo de la victoria del sí al referéndum, la cual actuaría *per se* como proclamación de independencia. Así finalmente, la ley de transición jurídica basta de por sí. Su voto no declara su entrada en vigor y tampoco la secesión, pero una vez votada bastaría con que el parlamento tome acta del resultado positivo del referéndum, o constate la imposibilidad de celebraro, para que la independencia se considera efectiva sin sea  aun necesario procunciar la palabra. Y se expuso como la ley de organización del referéndum prevé la declaración de independencia dentro de los dos días de la constatación, en su caso, de la victoria del sí.

# Actores e incertidumbres

Más allá de la reacción española, las incertidumbres vienen de las inclinaciones y de los intereses inconciliables no sólo entre los distintos actores (o grupos de actores) sino igualmente dentro de cada uno de ellos.

El de julio de 2017 se termina sobre la incertidumbre relativa a la alcaldesa de Barcelona y su movimiento de geometría variable "en común podemos", que bajo la balabra de equidistancia entre los unionistas y los separatistas se declaraan en favor de una independencia acordada con España, lo que es evidentemente imposible, y desea la celebración de un referéndum no vinculante, y sólo si el gobierno españo lo autoriza, lo que no ocurrirá[35]. No se trata aquí de una indecisión de políticos sino de la correcta comprensión de los deseos de muchos electores, que se podría calificar de separatistas legalistas porque mantienen una real ilusión que es posible primero no asustar a España asegurándola que el resultado del referéndum será sin consecuencia sobre la política del gobierno catalán, y luego de seceder legalmente. Al mismo tiempo, una parte de esta movida legalista reprocha al gobierno catalán haber obedecido, cambiando el referéndum de 2014 en simple consulta informal que les hizo comprometerse para nada.

---

[35] Un referéndum acordado por España tendría probabilidades razonables, mediante campaña de comunicación, de rechazar la independencia, pero por una parte abriría la puerta a referenda en otras regiones, y por otras parte sería seguido por un referéndum cada cinco años en Cataluña hasta victoria o marginalización del independentismo.

Algunos de estos izquierdistas de país rico serían simpática e intelectualmente anticapitalistas en tanto no afecte el salario al fin del mes, y ven en las barricadas un ideal romántico en donde por ningún motivo se debe tirar piedras. Si temen ponerse personalmente en la ilegalidad no participarán en un escrutinio que les parezca clandestino. En el fondo este movimiento, mientras reivindicando el derecho a decidir, es bastante federalista y más bien hóstil a la independencia aun deseada por una parte de su base popular. El equipo restringido de la alcaldesa de Barcelona Ada Colau, ideológicamente cercano a la anarquía pero llevado en 2015 al gobierno de una ciudad de un millón y medio de habitantes y desarmado frente a las exigencias de orden que implica tal cargo y responsabilidad, fue obligada por la necesidad de entablar una institucionalización post-revolucionaria perturbada por la perspectiva de la independencia al momento en que empezaba a ambicionar desplazar al potente partido socialista, institución mayor en España desde el establecimiento de la democracia.

Por el contrario, si el referéndum tiene lugar después de la secesión y por lo tanto en el marco de una nueva legalidad libre de clandestinidad, no sería sorprendente que esta parte del electorado salga a votar, y por la independencia, lo que simplemente legitimaría la iniciativa ilegal (del punto de vista de la antigua legalidad española) tomada por el gobierno catalán. En este sentido, si antes del verano las intenciones de voto se inclinan más (de poco) hacia la unión, al otoño y en caso de secesión los votos efectivos podrán ampliamente apoyar la misma. Esta nueva izquierda, numéricamente importante pero contando con el mayor porcentaje de indecisos de todo el paísaje político, está cambiando a propósito del referéndum, de una posición exigiendo el acuerdo del gobierno español hacia una posición exigiendo garantías (de naturaleza no precisada) del gobierno catalán, el cual ofrece como argumento de medio la afirmación de la impunedad de la desobedencia a España, ilusoria en caso de fracaso, y como argumento de finalidad el reconocimiento internacional del referéndum, que se conocerá solamente *a posteriori.*

De hecho parece que esta porción importante del electorado confunda legalidad y posibilidad, creyendo que un referéndum ilegal es imposible y por lo tanto no merece ser apoyado. En seguida cuando parecerá posible e incluso ineluctable, esta porción traerá su boleto soberanista (pero acaso no su ayuda material), de la misma manera que los anti-independentistas que no están haciendo campaña, hasta tanto creen que un *boicot* impedirá el referéndum ilícito (error de los Serbios de Bosnia y Hercegovina el 29 de febrero de 1992), terminarán por ir a votar en contra para no ser contados en la abstención indecisa.

Del lado opuesto a esta nueva izquierda procedente de los indignados la coalición al poder en la Generalidad, alianza inconcebible en otros lugares de derecha conservadora y de izquierda revolucionaria cuyo principal punto común es el restablecimiento de la soberanía de Cataluña, es, ya se expuso trás el estudio del muy serio proceso de transición, no sólo un gestor y administrador responsable sino también un centro de investigación política y de concepción prospectiva muy activo. Por lo tanto este gobierno catalán, inicialmente irritado por el desorden muy concretamente caído sobre la capital (acumulación de basura y explosión de la delincuencia) luego de la victoria de esta nueva izquierda impreparada a la administración y al mantenimiento del orden, desea implicar activamente a los recursos políticos e intelectuales de la capital en la fase constituyente de la cual ya está poniendo las fundaciones. Entretanto podría también implicar a las autoridades de Barcelona en la constitución de la junta electoral, única manera de reasegurarlas sobre la solidez y la irreversibilidad del proceso.

El nuevo discurso catalán es que el referéndum debe celebrarse, aun si hay por eso que declarar primero la independencia, lo que hace del referéndum no sólo un motivo o un pretexto para la secesión sino también un plebiscito de confirmación. Este discurso es orientado hacia el carácter absolutamente sagrado de la posibilidad real de ejercer el derecho de autodeterminación cualquier sea su resultado, lo que es mucho más juntador y vendedor al internacional (y democráticamente legítimo) que una reivindicación partidaria separatista. Pero en realidad la Generalidad está ya preparando la activación de los elementos para la fase constituyente, para no perder tiempo y generar incertidumbre. Eso es lo que muchos observadores distantes no preciben: el gobierno catalán, aparte en caso de ser tumbado por el parlamento, no puede considerar dar marcha atrás, aunque algunos de sus miembros no sepan ya con claridad el encadenamiento de los próximos eventos.

La sociedad productiva, es decir la economía privada, necesita como en cualquier lugar estabilidad, seguridad y normalidad. Algunos sectores intelectualmente vulnerables al discurso español, o sea pequeñas empresas y artesanos, pueden inquietarse de la amenaza de separación de la Unión Europea, no por ideología del libre intercambismo mundializado sino por aprensión del desconocido. Estos sectores serán reasegurados apenas un nuevo marco institucional les parecerá capaz de traer la estabilidad. El sector de las empresas industriales o de servicios de tamaño mediano o grande, intelectualmente mejor equipados, no duda probablemente ni de la solidez de la economía catalana ni tampoco del importante alivio fiscal (por mitad) que represente, potencialmente, el fin de la subvención catalana a la economía española. Pero este sector también espera un cambio de estatuto franco e integral en una fecha cierta, temiendo un período de indefinición institucional. Los directores financieros necesitan saber bajo qué regimen fiscal abrir el ejercicio contable al 1er de denero de 2018, en euros por supuesto (ellos no tienen ninguna duda sobre la unidad de cuenta). Pero evidentemente, una empresa como cualquier organización está compuesta de hombres, los cuales tienen sus inclinaciones y sus temores personales.

El 18 de junio fue publicado un nuevo sondeo, el primer desde el anuncio de la fecha del referéndum, o sea del compromiso inequívoco del gobierno catalán. Por primera vez los partidarios de la independencia ganarían, en un 42 % contra un 39 %. Más aun, el 55 % de los encuestados están ahora seguros de ir a votar y un 9 % más lo consideran, un 11 % no sabían todavía y un 24 % son determinado a no ir. Esto confirma lo que se podía suponer hasta el momento, o sea que el electorado decisivo[36], poco inclino al separatismo cuando se le

---

[36] Se entiende por electorado decisivo él que llevará la decisión, o sea no los 40 % de independentistas convencidos de siempre o los 25 % de unionistas irreductibles, sino los 15 a 20 % que no tienen una religión firme en el tema y los 10 a 20 % que tienen más esperanzas de obtener

pregunta a título consultivo, elegirá la soberanía cuando se jugará su futuro concreto. No se trata aquí de compromoterse o no, ya que los sondeos son tan anónimos como el voto mismo, pero de sentirse concernido o no, de creerlo bastante para interrogarse sinceramente en lo íntimo.

Nótese también la intención de participación de un 35 % de los anti-independentistas ahora, casi ocho veces más numerosos que al momento de la consulta de 2014. Todo ello parece significar que una parte creciente de la sociedad catalana piensa que cuando su gobierno habrá formalmente declarado la independencia España resá impotente. Eso muestra también que el resultado es altamente incierto, ya que cada vez que el resultado parecerá determinante aun en caso (práctimente cierto) de prohibición por España, una mayor proporción de unionistas (o de federalistas que todavía se la creen) se decidirán a votar, y, de no equivocarse, al comienzo del verano los independentistas son más mobilizados pero queda una (fuerte) minoría.

Para anticipar el resultado de una elección, en una sociedad civil mandata a partidos, la partidología es útil pero la sociología es imprescindible. En algunas regiones de África el resultado de las elecciones es tan previsible que se las convocan apenas confortado el golpe de Estado: allá más que en cualquier lugar las poblaciones necesitan estabilidad y seguridad, y votan por lo tanto para él que acaba de mostrar su fuerza más bien que para él que no pudo esconder su debilidad. Anecdóticamente el fenómeno no es una exclusividad africana, como lo mostró el

---

algo aquel día tirando un arzuelo en un piletón de truchas que tirando una papeleta a una banda de políticos.

plebiscito de aprobación de la nueva constitución (de índole muy presidencial) luego del último golpe de Estado de Charles de Gaulle en Francia, en 1958. Por fin hay que contar con el desarrollo durante el verano del fenómeno de refuerzo, luego de los primeros sondeos (o elecciones en algunos casos), de las opciones a las cuales no se creía inicialmente. Un caso escolar fue él de la primera pues de la secunda elección libre y multipartita en la URSS, cuando todos los que se creían individualmente disidentes marginales, y nunca se habían atrevido a expresar sus opinions íntimas a sus vecinos, se dieron cuenta que la mayoría de sus conciudadanos pensaban como ellos.

Todas opiniones confundidas, la población catalana está en una mayoría aplastante en favor del ejercicio de la autodeterminación. De un sondeo al otro, la proporción de los que se declaran listos a participar al escrutinio aunque sea prohibido oscila entre el 50 y el 55 % en junio, o sea justo bastante para su validez internacional. No obstante es probable que al acercarse la fecha fatídica, y especialmente después del voto de las leyes de desconexión al final de agosto (y el compromiso de la nueva izquierda al poder en Barcelona), el carácter determinante del escrutinio para el porvernir de Cataluña empujará a los indecisos a sobrepasar sus incoherencias y empujará a nuevas porciones del electorado, en particular anti-independentista, hacia las urnas aun en caso de celebración ilegal. Ya que finalemente, que se lo llame legalidad, carácter vinculante, garantías de serio o últimamente efectividad, lo que están esperando los que estarían listos a volar al rescate de la victoria, es una prueba de irreversibilidad.

# Escenarios

En su cuaderno especial del 9 de junio, el *think-tank* (grupo de reflexión encerrada) estadounidense Stratfor escribe que el gobierno españo tiene una estrategia consistiendo en dividir a campo independentista por la presión judiciairia, un apoyo en la Unión Europea que amenazaría de no admitir a una Cataluña independiente, y un último recurso bajo la forma de la suspensión de la autonomía acompañada de la toma de control del gobierno catalán por la fuerza. Stratfor piensa también que el gobierno catalán no prooclamará la independencia antes de octubre y que puede escoger entre primero abandonar o diferir el referéndum lo que traería su caída y la ascensión de un nuevo gobierno más radical que podría marchar directamente a la secesión sin referéndum, secundo transformar como en 2014 el referéndum en consulta informal lo que o retrasaría todo el proceso o haría caer al gobierno y reenviaría al caso anterior, tercero confirmar el referéndum que sería entonces impedido por la policía española lo que reforzaría el discurso independentista, o cuarto por fin declarar directamente la independencia lo que provocaría la suspensión de la autonomía, las separaciones y confrontaciones de lealdades y posiblemente una intervención militar española. En conclusión Stratfor ve una declaración de independencia muy improbable, pero el movimiento independencista no muy cerca a extinguirse. Obviamente Stratfor piensa en inglés en un entorno anglófono y no tien otra lectura quue la de la confrontación de partidos políticos de orientaciones distintas.

Los observadores lúcidos designan los eventos que se están acercando como un choque institucional o un choque de trenes. El gobierno catalán, por su parte, pasó del eslogan "*referéndum o referéndum*" (no hay otra posibilidad) al eslogan "*referéndum o independencia*" (si se prohibe se hará secesión). Para poder presentar este estudio en una matriz cruzando los modos de acción posible de los unos y de los otros sería preciso, en dos dimensiones, tener sólo a dos protagonistas principales. Por no estar en este caso de figura ideal se seguirá entonces un desarrollo lineario, con bifurcaciones eventuales. Se focalizará la atención en el tipo de situación que justifica la conducta de este estudio (el choque), no en los distintos tónidos de normalidad que cada uno puede encontrar en la prensa en denegación de realidad.

Mientras más y más voces se oyen en las periferias culturales, desde el País Vasco hacia los Baleares pasando por Navarra, para llamar al rescate de la unidad española trás una fórmula federalista, todavía a la mitad de julio el discurso dominante en Madrid es él de la normalidad. En los medias que se atreven a apartarse un poco del discurso gubernamental según el cual los independentistas catalanes no harán nada ilegal, se exponen dentro de las opciones la suspensión de la consultat por el Tribunal Constitucional, la apertura por la fiscalía de procesos contra los que convocarían la consulta, la imposición de multas o la suspensión del presidente de la Generalidad. El Tribunal suprema se toma varios años (a lo mejor varios meses) para condenar a un culpable, por lo que si no tiene efecto disuasivo (se continúa trajando en la secesión) sólo le queda un papel punitivo, inútil cuando la situación exige acciones correctivas inmediatas. Por el contrario el Tribunal Constitucional, al juzgar textos más bien que personas, es más rápido, y será capaz de pronunciar la inconstitucionalidad y por lo tanto la prohibición de la convocación del referéndum a los pocos días de su publicación (especialmente porque la está esperando). Es lo mismo para el Consejo de Garantías Estatutarias catalán, órgano desconcentrado de la justicia central, que tiene un papel meramente consultivo pero se pronuunciarán antes del Tribunal constitutional, en contra de las leyes de desconexión por supuesto.

Se habla también de la aplicación del famoso artículo 155 de la constitución, que permite, en caso de incumplimiento de parte de una comunidad autónoma y luego de haber intimado sin éxito al presidente de la misma y luego obtenido la autorización de la mayoría absoluta en el senado (cámara de las comunidades autónomas), adoptar todas medidas necesarias a la ejecución de la obligaciones y la protección del interés de España, poniendo a todas las autoridades de la comunidad autónoma bajo la autoridad directa del gobierno central. Ya que nunca se aplicó en casi cuarenta años de existencia de esta constitución, hay bastantes discusiones entre profanas, en cuanto a saber si se trataría necesariamente de una suspensión definitiva de la autonomía o si podría ser sólo temporaria. En realidad no se trata de ningún modo de revocar el estatuto de autonomía o de disolver sus instituciones (lo que no impide inhabilitaciones judiciales individuales), sino simplemente de dar ordenes directamente a los electos y funcionarios de la provincia concernida. Para no abrir el reglamento del senado en el marco de este estudio, se notará simplemente que entre la demanda gubernamental y la autorización senatorial podría en lo ideal pasar apenas algunos días (o algunas semanas), lo que sería mucho más rápido que una procedura judicial. Por su parte el constitucionalista Jorge de Esteban estima que aun en caso de acuerdo de todas las partes interesadas en el gobierno y en el senado, el proceso iterativo y deliberativo de la demanda tomaría aproximadamente cuatro meses. Concluye que le gobierno español ya dejó pasar el plazo calendario para una intervención bajo el artículo 155...

Las redes sociales españolas (incluso las animadas por militares o guardias civiles), pero también algunos políticos, evocan o hasta invocan el recurso a las fuerzas armadas, responsables según el artículo 8 de la constitución de garantizar por supuesto la soberanía, la independencia y la integridad territorial, pero también el orden constitucional. Las redes sociales, y algunos medias, difundieron el solemne llamado de periodista controvertido de extrama-toda Josele Sánchez el 31 de mayo, recordando a los militares esta misión e intimándoles escoger entre su deber y la obedencia entre un gobierno pasivo. Por fin algunos comentadores citan tambin el artículo 116 de la constitución y el artículo 32 de la ley 4/1981 del 1er de junio de 1981, que en caso de acto de fuerza contra el orden constitucional permiten declarar, bajo autorización parlamentaria en mayoría absoluta, el estado de sitio sobre una porción determinada de territorio y por una duración a definir, con transferencia de responsabilidades civiles a la autoridad militar.

Es cierto que las decisiones son tomadas por los políticos, pero en democracia éstos son los mandantes de las distintas corrientes de la población y, en teoría, hacen generalmente lo que se espera de ellos. Al final de 2015 los Catalanes eran divididos más o menos igualmente sobre la cuestión de la independencia pero han elegido un parlamento de clara mayoría independentista, el cual constituyó entonces un gobierno con un mandato claro, aunque sus opciones tácticas sean múltiples. Este ejecutivo encargado de una misión inconstitucional la cumplió y debe, para concluir, llevar al electorado a comprometerse por el acto ilegal que dicta la coerencia. Por eso el referéndum se celebrará, será vinculando por la Generalidad que debe demostrar que su legitimidad conlleva una nueva legalidad. Pero es también para aclarecer las imprecisiones o indefiniciones temidos por laa población que el gobierno, a pesar de haber elaborado una hoja de ruta para la transición, será puesto en situación de hacer activar por el parlamento una de las dos cláusulas de inmediato. La transición se terminara luego de la ruptura.

Desde el anuncio, el 9 de junio, de la fecha del referéndum, y luego de su comunicación a las reprensentaciones extranjeras acreditadas en España, el ministro u oficialmente consejero catalán para las relaciones exteriores Raül Romeva, apoyándose en una documentación en inglés preparada de varios año como el Libro blanco sobre la transición nacional de 2014, intensificó una campaña de explicación multidireccional, por lo esencial en Europa, contando con charlas con personalidades y entrevistas ante los medias, participación a coloquios, conferencias en universidades, emisiones radio y televisión... Cual que fuera la respuesta comunicativa española en el rubro, con muy escasas excepciones la tonalidad general de la prensa del 10 de junio en el mundo entero expresaba la convicción de que el referéndum de autodeterminación catalán, sin ninguna duda, tendrá lugar el 1er de octubre. Si no se celebra, es de parte de España que la opinión internacional esperará explicaciones.

Los ministros españoles han recibido prohibición de salir de España en agosto y orden de quedar llamables por teléfono de bolsillo, pero a pesar de su propensión a denunciar un "golpe de Estado" se les ve difícilmente tomar medidas preventivas como un arresto colectivo de parlamentarios electos catalanes antes de que actuaran. La celda de vigila e inteligencia creada algunos meses atrás a la mano del primer ministro no tomará vacaciones, para poder mantener al gobierno español al tanto, y estar lista a remitir expedientes completos al Tribunal Constitucional apenas abra... con adelante este año. Éste demora para rendir sus sentencias definitivas, pero la simple impugnación por el gobierno produce la suspensión para cinco meses de la disposición impugnada (artículo 161 de la constitución).

Concretamente, ya se puede esperar en septiembre la suspensión (en espera de anulación posterior) de la primera de las leyes de desconexión votada y publicada, probablemente la ley de convocación del referéndum. Desde esta base el gobierno español intimará al presidente catalán repelar estas medidas, y en particular anular la convocación del referéndum e interrumpir los preparativos, lo que él no hará. Constatada la desobedencia de la Generalidad, el gobierno central podrá entonces presentar al senado su pedido de autorización de intervenir, bajo el artículo 155 de la constitución, al menos por una cuestión de principio. Teniendo en cuenta la composición y la orientación de esta cámara, y de la gravedad de la situación, el gobierno español obtendrá dicha autorización (al término de esta procedura imaginada en frío...).

La suspensión temporaria de la convocación del referéndum, producida por su impugnación por el gobierno ante el Tribunal Constitucional, permitirá a la fiscalía de Cataluña (justicia española desconcentrada) requerir la acción de la policía catalana, los *mossos d'esquadra*, para impedir su celebración. Con un efectivo de más o menos 17000 hombres todo incluído, esta policía podría intentar impedir la apertura el domingo 1er de octubre por la mañana de las 2700 escuelas supuestas acoger las 8000 mesas de votación, especialmente si no tiene que procuparse por Barcelona, o sea si el gobierno central logró convencer también a la municipalidad de la capital que impida la votación usando a este fin la policiá municipal (cuyos sindicatos están no obstante descontentos que el ayuntamiento anarquizante maltrate a su policía). Pero para que el gobierno español pueda ordenar al ministerio de Educación catalán no prestar las escuelas para el referéndum, lo que crearía una dificultad seria especialmente fuera de las grandes ciudades en las cuales siempre se puede encontrar otros edificios administrativos, se necesitaría la activación del artículo 155, y empujaría hacia el independentismo a la fracción federalista de la enseñanza.

De manera menos espectacular, menos expuesta y más eficaz, la policía catalana podría confiscar las urnas algunos días más temprano, antes de su distribución, o algunas semanas más temprano, en los locales de la empresa fabricante (pero la Géneralidad podría entonces dicidir de usar la urnas españolas probablemente almacenadas en cada municipalidad). Para la misma operación de confiscación (no para la toma de control de los numerosos puntos de votación), el gobierno español puede usar la *guardia civil*, fuerza de policía de naturaleza militar comparable a la gendarmería francesa.

Si la *guardia civil*, totalmente leal al gobierno central, cuenta casi 3400 hombres en permanencia en Cataluña, lleva a cabo misiones tan variadas como la gendarmería francesa, tanto de policía rural como de tránsito, seguridad, policía judicial y rescates especializados. En cuanto a fuerzas de mantenimiento del orden de secuna categoría, o policía antidisturbios como se las llama en otros países, dispone a nivel nacional de ocho unidades del tamaño de una compañía republicana de seguridad[37] o hasta de dos escuadrones de gendarmería móvil, una de las cuales estacionada en Cataluña. Para la consulta de 2014 había probablemente desplegado cuatro de estas unidades (800 hombres), y para las elecciones de 2015 tres. La policía nacional española dispone a nivel nacional de unidades antidisturbios equivalentes, incluso una unidad de intervención de 200 hombres en Barcelona, que había casi triplicada para las dos ocasiones anteriores. En una conyunción maximal, y teniendo en cuenta la imposibilidad de desnudar las islas o los enclaves de África, no se podría desplegar más de seis unidades de cada uno de ambos tipos, o sea un efectivo total de 2500 hombres lo que permitiría esencialmente securizar frente a los movimientos de muchedumbre los predios nacionales

---

[37] El sistema republicano francés de control de los movimientos populares es de los más completos, aún comparado con Estados policíacos como la URSS (luego de la disolución de las milicias políticas soviéticas Rusia pidió ayuda a Francia para copiar su sistema) o Estados Unidos, que mobilizan su "guardia nacional" militar para cualquier evento.

como la delegación del gobierno español (tipo de prefectura de región con vocación representativa), algunas administraciones y los comisariados de la policía nacional.

Así se puede considerar que es la respuesta del mando de los *mossos d'esquadra* que determinerá la secuencia de los eventos. Aunque tenga la misión de exjecutar toda requisición judicial española, es una fuerza pagada por el gobierno catalán, y sobretodo de reclutamiento regional. Si su mando decide obedecer al Estado español actuando contra su empleador la Generalidad, es posible que no sea seguido por la base. Luego de que renunciara el 14 de julio, como cuatro demás miembros del gobierno, el anterior ministro del Interior Jordi Jané por sus dudas sobre el resultado del proceso de secesión (y pues por sus reticencias a un compromiso total), su sucesor Joaquim Forn apenas nombrado aseguró inmediatamente que los *mossos d'esquadra* tendrán la clara misión de securizar la celebración del referéndum. Tres días más tarde aceptó la renuncia de su subordenado el director de la policía catalana Albert Batlle, famoso por haber declarado en febrero que si un juez pedía la detención del presidente de la Generalidad o de la presidente del parlamento daría los órdenes correspondientes, y por lo tanto remplazado el 17 de julio por Pere Soler, independentista sin problemas de conciencia.

Obviamente, si el mando de los *mossos d'esquadra* decide desobedecer a una requisición de la justicia española, nada más parece en medida de impedir la celebración del referéndum. Frente a esta defección caracterizada, el electorado y los partidos políticos entenderán por una parte que un punto de no-retorno institucional fue alcanzado, y por otra parte que el gobierno español ha *de facto* perdido el control de Cataluña. Los anti-independentistas convencidos se mobilizarán en masa, mientras lo indecisos y los incoherentes (separatistas legalistas) votarán para reducir la incertidumbre y facilitar la transición ineludible.

Se mencionaron más arriba los llamados al envío o al despliegue del ejército español. Aparte algunos estados-mayores y organismos centras presentes en Barcelona, y a escuela de suboficiales de Tremp (Lérida), la fuerza militar principal es el 62° regimiento de infantería, perteneciendo a la 1ᵉʳᵃ brigade en adelante polivalente a la moda francesa, basada en Aragón. Este regimiento, hasta poco tropas de montaña y en vía de conversión en regimiento de infantería mecanizada, cuenta con un batallón sobre vehículos de combate de infantería ASCOD/Pizarro en Sant Climent Sescebes y un batallón sobre vehículos de transporte de tropas M113 en Barcelona, representando cada uno el equivalente de un regimiento francés de cuatro compañías. Al menos que exista una modalidad de puesta a disposición de su personal sobre requisición de una autoridad civil, su único uso militar en unidades constituídas podría ser la protección de una barrio (sede de la delegación del gobierno españo por ejemplo) o la toma de control del palacio de la Generalidad y del palacio del parlamento, pero parece que únicamente luego de la activación del estado de sitio, o golpe de Estado militar en Madrid. Presupuestariamente abandonadas las fuerzas armadas  no son más operacionales pero los oficiales generales que suelen reunirse secretamente desde octubre de 2012 podrían ser revoltados por el estallido de España.

El estado de alarma (limitado a quince días prorrogables) respondiendo a una catástrofe refuerza los poderes de la comunidad autónoma interesada, y el estado de excepción (limitado a treinta días prorrogables) respondiendo a una ruptura de la normalidad institucional no contempla la transferencia de competencias civiles a una autoridad militar, mientras el estado de sitio respondiendo a una insurrección o una acción de fuerza contra la integridad territorial o el orden constitucional transfiere toda la autoridad a un mando militar dependiendo directamente del gobierno central. Así un pedido gubernamental de declaración del estado de sitio por el parlamento anunciaría el recurso a la fuerza militar. Considerando que el método del capitán José Inácio da Costa Martins en el aeropuerto de Lisbona no siempre funciona, la mejor manera de neutralizar estos dos batallones sería el método de la gente educada de Crimée, o sea que una muchedumbre los rodea preventivamente antes de que salgan de sus cuarteles. Más allá de estos dos batallones estacionados en Cataluña, cualquier veleidad de envío terrestre o aéreo de medios militares por España justificaría una interposición extranjera en urgencia, a emprender entonces necesariamente por Francia.

Ya que por otro lado, los últimos proyectos militares presentados por el sector asociativo separativo catalán en 2015 consistían en la creación de una defensa aérea y costera simbólica y de un batallón interarmas de 600 hombres, a cuadriplicar dentro de quince años, mientras que el primer proyecto de constitución era sin fuerzas armadas. Eso es obviamente incompatible con la ambición de entrar en la OTAN pero el gobierno actual no puede evocar este tema tabú ante sus partenarios antimilitaristas, y él mismo es fundamentalmente no violento. Antes aun de tener que parar la huída de jóvenes soñadores de heroísmo hacia el ejército español este gobierno tendrá no obstanten en pocos meses, que decidir de la destinación de la cincuentena de féretros blindados de Barcelona y de la cuarentena de véhículos de infantería modernos de Sant Climent, y posiblemente de sus tripulantes y acompañadores pasados a la causa catalana. Y también será rápidamente submergido por las propuestas concretas de 1500 a 2000 oficiales catalanes interesados en marcharse del ejército español.

Es difícil creer que un gobierno que lo preparó todo hasta los menores detalles en todos rubros no haya considerado una defensa minimal de sus instituciones y de su personal, sin hablar de la población. Se pretende no saber quién era el destinatario de las 12000 armas remilitarizadas de las cuales 10000 fusiles de asalto, varias ametralladoras antiaéreas y cientos de granadas para morteros no presentes, en los lotes obviamente incompletos incautados en el norte de España (parcialmente en Cataluña) el 12 de enero de 2017. Pero la versión oficial del mercado negro del banditismo no resiste a la reflexión, como lo demostró Stratediplo los 15 de enero y 17 de marzo, y recordaba la fragilidad de las explicaciones solbre la pretendida destinación extra-ibérica de los 20000 trajes de campaña nuevos incautados en febrero de 2016. El cliente ordenador era muy probablemente una institución importante, y si era et pedido principal (al cual faltaban no obstante los morteros) fue probablemente remplazada desde entonces.

Por acercamiento directo discreto ("caza de cabezas") es fácil encontrar a la veintena de operadores de morteros y jefes de piezas necesarios para marcar la frontera sobre los puentes de la A2 sobre la Noguera Ribagorçana y de la E15 sobre la Senia, y la media-docena de tiradores de ametralladoras de 12,7 necesarias para prevenir una operación heliportada sobre el palacio de la Generalidad y sobre el palacio del parlamento. Pero no será posible atraer a los miles de suboficiales y soldados catalanes del ejército español antes de que la independencia sea indiscutiblemente asegurada, y es imposible dispensar varios meses de capacitación militar a un ejército de 10000 soldados o sea 13000 hombres en total sin que se noticie. Entonces si el armamento del cual una entrega ha sido interceptada en enero y la ropa de la cual une entrega había sido interceptada un año antes eran destinadas a Cataluña, las tres brigadas que ello representa aún no existen.

No obstante, la elección de CETME-L rutilantes y de trajes de campaña nuevos en lugar de Kalachnikov (más barato y más simple) y prendas desalmacenadas anunciaba una operación de comunicación más bien que de combate. En este sentido bastaría con equipar, alguna mañana (luego de algunas repeticiones nocturnas), a los *mossos d'esquadra* que ya honran un jerarquía, una disciplina y un ceremonial casi militares. En esto también la colaboración de esta institución será determinante. En contraste neto con las bandas de irregulares del tercer mundo, la aparición de miles de (policías disfrazados de) soldados en uniforme nuevo y fusil de asalto moderno desfilando marcialmente en el noticiero de las 20:00 de la TVE tendría un efecto telúrico sobre la opinión pública española, que podría exigir la apertura inmediata de las negociaciones[38].

---

[38] La pérdida de los 20 % del PIB aportados por Cataluña hará saltar la deuda española del 100 % al 125 % del nuevo PIB, desgradándola a

proceso

Uno se acuerda que los gobiernos de los países de la CEE hicieron esconder las imágenes impresionantes de las milicias islamistas desfilando en qamis blancos en las ciudades de Bosnia y Hercegovina el 4 de abril de 1992 (unidades oficialmente creadas aquel día), pero reconocieron unánimemente la independencia de la provincia (declarada el 3 de marzo) a los dos días, el 6. Las reflexiones que preceden son pura especulación, ya que circulan hipótesis más inquietantes en cuanto a la identidad del proto-estado que había pedido los 20000 trajes de combate y los 10000 fusiles de asalto incautados en 2016 y 2017... o sea bastante para equipar el equivalente de la mitad de la infantería española o francesa actual.

Para marcar la fecha y los espíritus y precipitar la apertura de las negociaciones, cuando el gobierno catalán habrá decidido que es el momento tendrá que efectuar una acción simbólica. Un movimiento mucho más fácil que él de Eslovenia en su tiempo sería la toma del único puesto fronterizo de la península ibérica al norte de la Línea de Gibraltar, él de la Farga de Moles. Cuando el mundo entero, empezando por Andorra, verá a bandera española sera bajada y la bandera catalana ser alzada en su lugar, será obvio no sólo que una nueva entidad política asumió la posesión efectiva (elemento constitutivo de la propiedad) de una parte del previamente territorio español, sino también que esta entidad es un actor internacional y por lo tanto un sujeto de derecho internacional. Según la Convención de Montevideo, se

---

categoría ariesgada, apartándola de los mercados financieros, inflatando las tasas de interés, comprometiendo los objetivos de estabilidad y convocando a los prescriptores de rigor uniopeos y mundiales, por lo que España aceptará la división de carga que Cataluña proponía en caso de secesión negociada.

trata entonces de un Estado, cual que sea el número de pares que lo reconocen. Y Andorra, obligada de colaborar con cualquiera ocupe el puesto fronterizo para no caer de nuevo en la lista gris de la OCDE de los países no cooperativos en la lucha contra el blanqueo, reconocerá la autoridad frontalera de Cataluña en seguida cuando los aduaneros españoles se marchen o cambien de gorra. Este puesto es estratégico y España no podrá defenderlo contra, de ser necesario, un asalto del grupo especial de intervención de los *mossos d'esquadra*.

Un momento importante de todo este proceso, aunque no se sepa todavía si la constatación de la independencia ocurrirá antes o luego del referéndum, será la *Diada* o fiesta nacional del 11 de septiembre. La de 2013 había mobilizado a un cuarto de la población catalana sobre una cadena humana de 400 kilómetros encuadrada por un servicio de orden de 30000 voluntarios. Tales muchedumbres tendrían que ser capaces de securizar sus estaciones de votación, y de forzar el reconocimiento internacional de los resultados del referéndum. Aun se dice que las asociaciones independentistas están preparando una mobilización de tres semanas siguiendo el modelo de los "indignados" que hicieron la primera página de todo el mundo al ocupar la Puerta del Sol en Madrid del 15 de may al 12 de junio de 2011. Evitando el centro de la ciudad para no obstacular la vida económica, una ocupación popular del parque de la Ciudadela, de la *Diada* del 11 de septiembre hasta el referéndum del 1er de octubre, conllevaría la veentaja secundaria de proteger el palacio del parlamento catalán. Pero antes de todo sería un potente magneto para la prensa mundial, y una disuasión de todo atento de acción de fuerza española. Como lo dijo el 20 de junio de 2017 Jordi Cuixart, presidente de la asociación Òmnium, "*la independencia se gana en las urnas pero se defiende en la calle*".

# CONCLUSIÓN

A escala histórica España habrá perdido Cataluña por haber interrumpido el proceso de hispanización en 1977 y rechazado la federalización en 2017. El proceso completo confirma la nocividad de la ideología del Estado-nación, aún bien viva en Europa especialmente en las esferas pensadoras germánicas, magyares... y francesas.

Por su lado Cataluña habrá recuperado su soberanía jugando de las contradicciones entre el totalitarismo y el Estado de derecho, entre la pretensión a la igualdad de los ciudadanos y la proclamación del respeto de los pueblos, entre el universalismo ideológico y el pragmatismo discriminante, finalmente entre el ideal de aplicar la democracia a todos niveles y la necesidad de aplicarla a un nivel particular. Lejos de una amenaza existencial como la que unió al 97 % de los Crimeanos, el gobierno catalán debe usar efectos de trinquete institucionales para poder presentar más del 50 % de lo que sea. En democracia, eso basta para ganarlo todo. Pero, antes de eso, tiene primero que convencer a todos sus partenarios, en Barcelona particularmente, que el proceso empezado es irreversible.

Para la Unión Europea, la declaración de fidelidad de Cataluña llega justo en el momento en que otros pueblos, y no solamente los que se oyen porque están al poder en Estados a su tamaño, empiezan a escoger la salida para evitar la puesta en extinción. De alguna manera esto la pone en situación de elegir entre el imperialismo a la parisina y el imperio a la austríaca, entre la fusión de Estados-naciones y la federación de pueblos, entre la ideología del ciudadano anónimo intercambiable y el empirismo organizador del sujeto arraigado. Si es difícil entrar en la École Nationale d'Administration de Estrasburgo sin conocer el inglés, acaso será imposible mañana obtener un mandato representativo en el parlamento de Estrasburgo sin conocer el dialecto de su terruño.

Para los pueblos de Francia también, cuando el colapso del materialismo desnudará al funcionariado apátrida ya desorientado por el fin de las ideologías, no se reconocerá más que el estandarte del condado y el confalón de la parroquia y los políticos de profesión tendrán que ensuciar su zapatos en lo concreto o condecorar sus sombreros de cruces, de medialunas o de pentágramos para capitalizar votos. Y para todos los pueblos cuya soberanía es oprimida, el método pacífico catalán, favorecido por cierto por condiciones ideales entre las cuales una administración autónoma, se convierte en un caso escolar, capaz de asustar a los Estados-naciones bajo regimen jacobino.

A corto plazo la crisis de la unidad española, en donde Francia se encuentra, le guste o no, en el primer balcón de espectadores, ofrece una oportunidad inesperada pero ideal para cerrar el sangriente capítlo europeo abierto por la anexión sin referenda de los cinco Estados germanófonos orientales a la Alemania federal y continuado hasta la ablación por fuerza de la provincia de Kosovo y Metojia étnicamente lustrada y luego erguida sin referéndum en pseudo-estatículo inviable sin protectorado perfusivo. Una vez más es a Francia que la Historia ofrece la oportunidad de recordar la buenas mores de la civilización, en el caso restaurando las líneas directrices para el reconocimiento de nuevos Estados, concertadas y publicadas por los ministros de Asuntos Extranjeros de los doce países miembros de la Comunidad Económica Europea el 16 de diciembre de 1991.

Ya que el pragmatismo propio de la diplomacia impondrá un reconocimiento rápido de Cataluña por Francia, ésta tendrá que aprovechar la ocasión para traer de vuelta los procesos secesionistas del campo de las relaciones de fuerza hacia el campo del derecho internacional, lo que el caso catalán permite perfectamente.

# ANEXOS

## Reconocimiento de nuevos Estados

*El 16 de diciembre de 1991, en conclusión de una reunión de política extranjera en Bruselas a pedido del Consejo europeo de los jefes de Estado y de gobierno para definir una posición común sobre las relaciones con nuevos Estados, los ministros de Asuntos Extranjeros de los países de la Comunidad Europea han adoptado y difundido la presente Declaración de los países de la CEE sobre las líneas directrices referidas al reconocimiento de nuevos Estados en Europa del Este y Unión Soviética.*

"La Comunidad y sus Estados miembros confirman su adhesión a los principios del Acta Final de Helsinki y de la Carta de París, en particular al principio de autodeterminación. Afirman su voluntad de reconocer, de conformidad con las normas aceptadas por la práctica internacional y teniendo en cuenta las realidades políticas en cada caso concreto, a estos nuevos Estados que, como consecuencia de las modificaciones históricas ocurridas en la región, se constituyan sobre una base democrática, acepten las obligaciones internacionales pertinentes y se comprometan de buena fe en un proceso pacifico y negociado.

Por consiguiente, adoptan una posición común sobre el proceso del reconocimiento de estos nuevos Estados, que implica:

- el respeto de las disposiciones de la Carta de las Naciones Unidas y de los compromisos suscritos en el Acta Final de Helsinki y en la Carta de París, en particular en lo que se refiere al Estado de Derecho, la Democracia y los Derechos Humanos;
- la garantía de los derechos de los grupos étnicos y nacionales, así como de las minorías, de conformidad con los compromisos suscritos en el marco de la CSCE;
- el respeto de la inviolabilidad de los límites territoriales que sólo pueden ser modificados por medios pacíficos y de común acuerdo;
- la reanudación de todos los compromisos pertinentes relativos al desarme y a la no proliferación nuclear, así como a la seguridad y a la estabilidad regional;
- el compromiso de solucionar mediante acuerdo, en particular, recurriendo, en su caso, al arbitraje, todas las cuestiones relativas a la sucesión de Estados y a las controversias regionales.

La Comunidad y sus Estados miembros no reconocerán aquellas entidades que resultaran de una agresión. Tendrán en cuenta los efectos del reconocimiento sobre los Estados vecinos.

El compromiso en favor de estos principios abre la vía al reconocimiento por parte de la Comunidad y sus Estados miembros y al establecimiento de relaciones diplomáticas, lo que podría quedar consignado en acuerdos."

# Memorandum n° 37

*Este texto fue publicado, en inglés, sobre el sitio internet del ministerio de Asuntos Exteriores del gobierno catalán el 9 de junio de 2017, y difundido a la prensa así que a los correspondientes institucionales del ministerio. La traducción al español es del autor.*

El gobierno catalán convoca un Referéndum de Independencia el 1er de octubre de 2017.

El gobierno de Cataluña encontró un acuerdo sobre la fecha de su referéndum de autodeterminación. El referéndum tendrá lugar el 1er de octubre y la pregunta será: *"¿quiere Usted que Cataluña sea un Estado independiente bajo la forma de una República?"*

A pesar de la denegación constante del gobierno central español de buscar una solución política a los pedidos de la mayoría de los ciudadanos de Cataluña, el gobierno, con el apoyo de la mayoría parlamentaria, decidió ir adelante con un referéndum.

Todas las encuestas de opinión muestran que los tres cuartos de la población catalana quiere un referéndum de autodeterminación, todas intenciones de voto confundidas. Pertenece a los Catalanes decidir sobre el futuro colectivo de su sociedad y el único medio razonable de saber lo que piensan sobre una cuestión tan fundamental es preguntárselo directamente. El gobierno de Cataluña está convencido de la legitimidad de celebrar un referéndum, como un acto democrático.

Al gobierno catalán le gustaría manejar el escrutinio según un acuerdo entre ambos gobiernos, pero el gobierno español no lo quiere así. Por este motivo, las instituciones catalanas consideran que es la única vía posible para que Cataluña decida cuál tiene que ser el futuro de sus relaciones con España. La constitución española no prohibe esta vía, y una decisión tan importante no tendría que ser condicionada por una interpretación partidaria de la constitución. Votar no puede, bajo ninguna circunstancia, ser considerado como un acto ilegal.

En este mes de junio habrá exactamente siete años que el Tribunal Constitucional español rendió su sentencia en contra del estatuto de autonomía de Cataluña. La aprobación de este estatuto era la conclusión de un proceso de larga duración, con un diálogo intenso con el gobierno español, acuerdos habían sido concluídos con casi todas las instituciones constitucionales, todo ello con un gran nivel de consenso. También hubo un referéndum, llevado a cabo de común acuerdo. Todo eso fue, no obstante, sin efecto para la búsqueda de una solución. Por el contrario, una sola institución constitucional altamente politizada bastó para poner un punto final al diálogo anterior, a los compromisos tomados y al acuerdo obtenido; aun más, por unos tribunales firmemente arraigados en ideales obsoletos y activamente comprometidos en los objetivos del partido político al poder en España hoy. Este Tribunal no es mejor hoy; mediante una procedura de urgencia, el Tribunal puede ahora imponer la suspensión arbitraria de responsables electos, sin juicio judicial. Los objeciones razonadas de algunos miembros de este Tribunal y la advertencia inequívoca de la Comisión de Venecia en contra de esta reforma fueron vanos en sus esfuerzos para persuadir al gobierno español de reconsiderar su posición.

Un referéndum es lo único que puede poner fin a esta situación que ha sido negativa e insatisfactoria para ambas partes y sólo se deterioró estos últimos años. Por eso, este paso adelante de parte de Cataluña no debe ser visto como un problema sino más bien como una oportunidad para el Estado español de reexaminar su papel y también progresar en su sistema democrático. Es una manera de dejar atrás su pasado autoritario y las fundaciones frágiles del régimen establecido en 1978, convirtiéndose en un modelo para la defensa de su propia diversidad y un garante de los principios democráticos dentro de sus fronteras.

Cataluña quiere ser un partenario llave para España, que sus ciudadanos decidan de continuar formando parte de ella o que escojan convertirse en un Estado independiente. Pero cuales que sean sus relaciones, España necesita progresar en términos democráticos y legales; es una cuestión ineludible para su porvenir. Este paso hacia adelante representa así una triple oportunidad, para Cataluña, para España y para Europa.

# Ley de transitoriedad jurídica

*Este texte fue publicado, en español, por la edición del 22 de mayo del diario madrileño El País como siendo "algunos de [los] artículos más destacados" del proyecto de ley de regimen jurídico transitorio preparado por la coalición soberanista para ser presentado al parlamento catalán. El gobierno catalán confirmó que un texto estaba listo pero negó que la versión publicada fuera la buena.*

Creación del Estado
"Cataluña se constituye en un Estado de Derecho, democrático y social. El sistema institucional en que se organiza el Estado es la República parlamentaria."

Supremacía de la Ley
"Mientras no sea aprobada la Constitución del Estado catalán, la presente ley es la norma suprema del ordenamiento jurídico catalán."

El territorio
"El territorio de Cataluña, a los efectos del ejercicio de su plena soberanía, está compuesto por el espacio terrestre, incluido el subsuelo correspondiente a sus límites geográficos y administrativos en el momento de entrar en vigor esta ley, por el mar territorial, su lecho y subsuelo, y por el espacio aéreo situado sobre el espacio terrestre y el mar territorial de Cataluña. Además, Cataluña disfruta de los derechos de soberanía reconocidos por el Derecho internacional con respecto a su plataforma continental y su zona económica exclusiva."

Sucesión de ordenamientos

Los decretos de adaptación que se aprueben a partir de la nueva ley "también pueden servir para regular la recuperación de la validez y la eficacia de las normas anteriores a la sucesión de ordenamientos jurídicos anuladas o suspendidas por el Tribunal Constitucional".
"El derecho de la Unión Europea mantiene su naturaleza y posición respecto del derecho interno."

Sucesión de administraciones
"La Administración General de Cataluña sucede a la Administración del Estado español en el territorio de Cataluña."
"El personal del Estado español que ejerza la opción de integración en la Administración General de Cataluña se incorpora en lugares singulares del mismo grupo de clasificación profesional, con el mismo nivel de destino y en las mismas condiciones retributivas y de empleo, sin perjuicio de las adaptaciones que resulten necesarias en razón de las funciones a desarrollar."
"La incorporación del personal del Estado español a la Administración General de Cataluña requiere la posesión de la nacionalidad catalana en aquellos puestos de trabajo que impliquen el ejercicio de poder o autoridad pública."

Sucesión de contratos del sector público
"El Estado catalán se subroga en la posición del Estado español en los contratos formalizados por este, sujetos a la legislación de contratos del sector público y referidos a obras, suministros o prestaciones de servicios que afecten a Cataluña, y que estén pendientes totalemente o parcialmente de ejecución."
El Gobierno de Cataluña acordará un régimen de colaboración con el Estado español para asegurar "la

transferencia de los medios financieros destinados a la ejecución de los contratos".
"El Estado catalán sucede al Estado español en la titularidad de cualquier clase de derecho real sobre todo tipo de bienes en Cataluña."

Estatuto jurídico de las lenguas
"El catalán es la lengua propia de Cataluña y como tal es la lengua de uso normal de sus instituciones y administraciones públicas."
"Se garantiza el mantenimiento de los usos vigentes de la lengua catalana y la lengua castellana."
"Todas las personas tienen derecho a no ser discriminadas por razones lingüísticas."
"El catalán se tiene que utilizar normalmente como lengua vehicular y de aprendizaje en la enseñanza universitaria y en la no universitaria."
"Los poderes públicos de Cataluña harán objeto de reconocimiento especial a la lengua castellana como parte importante del patrimonio cultural de la sociedad catalana."

Nacionalidad
"Tienen la nacionalidad de origen:
1- Las personas que en el momento de entrar en vigor esta ley posean la nacionalidad española y estén empadronadas en un municipio de Cataluña desde al menos un año antes de esta fecha; y las personas que no cumplan el tiempo mínimo de empadronamiento establecido en el párrafo anterior si lo solicitan a partir del momento en que cumplan dos años de empadronamiento continuado en un municipio de Cataluña.

2- Las personas, no comprendidas en el apartado primero, de nacionalidad española en el momento de entrar en vigor esta ley, que lo soliciten y que estén en alguna de las circunstancias siguientes:

   a) Hayan nacido en Cataluña.
   b) Residan fuera de Cataluña y hayan tenido su última residencia administrativa en un municipio de Cataluña durante al menos cinco años.
   c) Ser hijos de padre o madre con nacionalidad catalana.

"La atribución de la nacionalidad catalana no exige la renuncia de la nacionalidad española."

"Las personas que hayan adquirido la nacionalidad catalana pueden ser privadas de ella (...) por haber sido condenadas por delitos contra el orden público, delitos de traición, contra la paz, la independencia del Estado o relativos a la defensa nacional o contra la comunidad internacional."

Finanzas

"La potestad para exigir tributos y otras contribuciones públicas obligatorias y la potestad para sancionar el incumplimiento corresponden a la Generalitat, sin perjuicio de las potestades atribuidas por ley a las administraciones públicas locales."

Poder judicial y administración de justicia

"El presidente del Tribunal Supremo es nombrado por el Presidente de la Generalitat."

"El o la fiscal general de Cataluña es nombrado por el presidente de la Generalitat."

"Los jueces, magistrados, fiscales y letrados de la Administración de Justicia que sirvan en los órganos judiciales y la fiscalía de Cataluña en el momento de entrar en vigor esta ley continúan en sus plazas, manteniendo sus derechos económicos y profesionales."

"Los jueces, magistrados, fiscales y letrados de la Administración de Justicia que pertenezcan a los cuerpos correspondientes del Estado español podrán concursar en las plazas que se convoquen."

"Los casos que según el ordenamiento jurídico anterior a la sucesión sean o hubieran sido competencia de la Audiencia Nacional, del Tribunal Supremo o de cualquier otro órgano judicial español fuera del territorio de Cataluña, incluido el Tribunal Constitucional solo con relación a los recursos de amparo, serán asumidos inmediatamente, según corresponda, en instrucción, primera instancia, casación y ejecución por los órganos judiciales catalanes en función de su competencia objetiva y territorial actual."

"Los juzgados y tribunales sobreseen o anulan los procesos penales contra investigados o condenados por conductas que buscaran un pronunciamiento democrático sobre la independencia de Cataluña o la creación de un nuevo Estado de manera democrática y no violenta."

Del referéndum

"La papeleta de votación contendrá la pregunta redactada en catalán y castellano con la siguiente formulación: '¿Quiere que Cataluña sea un Estado independiente de España?"

"El voto afirmativo de la mayoría de los votos válidamente emitidos implica la ratificación de la independencia de Cataluña y la entrada en vigor de esta ley."

Disposición final

"Esta ley entra en vigor en el momento en el cual se haya ratificado la independencia por vía del referéndum."

"Si el Estado español impidiera de manera efectiva la celebración del referéndum, esta ley entrará en vigor de manera completa e inmediata cuando el Parlamento constate este impedimento."

Composición del autor
Impresión a pedido y por unidad
En las prensas de la impresora Jouve
a partir de julio de 2017
en Mayenne

www.lulu.com


ISBN : 978-2-9815374-3-0
EAN : 9782981537430